本物の源泉かけ流し厳選300

温泉博士が教える最高の温泉

小林裕彦
Yasuhiko Kobayashi

集英社

旭岳温泉　湧駒荘（北海道）……P.64

木曽岬温泉（三重県）……P.186

虎杖浜温泉　民宿 500 マイル（北海道）……P.65

鉛温泉　藤三旅館（岩手県）……P.139

石田温泉旅館（北海道）……P.196

出雲湯村温泉　元湯（島根県）……P.253

作並温泉　岩松旅館（宮城県）……P.67

奥津温泉　奥津荘（岡山県）……P.85

湯倉温泉　鶴亀荘（福島県）……P.70

湯岐温泉　山形屋旅館（福島県）……P.71

四万温泉　積善館（群馬県）……P.73

二岐温泉　柏屋旅館（福島県）……P.72

下部温泉　古湯房 源泉舘（山梨県）……P.76

湯ヶ野温泉　福田屋（静岡県）……P.237

満願寺温泉　川湯（熊本県）……P.263

上湯温泉　神湯荘（奈良県）……P.244

川内高城温泉　双葉旅館（鹿児島県）……P.176

大丸温泉旅館（栃木県）……P.75

駒の湯温泉　駒の湯山荘（新潟県）……P.80

人吉温泉　翠嵐楼（熊本県）……P.91

白浜温泉　崎の湯（和歌山県）……P.248

奥飛騨ガーデンホテル焼岳（岐阜県）……P.242

白山すぎのこ温泉（石川県）……P.241

恐山温泉　花染の湯（青森県）……P.200

養老牛温泉　からまつの湯（北海道）……P.168

福地温泉 元湯 孫九郎（岐阜県）……P.241

川原毛大湯滝（秋田県）……P.179

別府温泉　市の原温泉（大分県）……P.115

湯河原温泉　伊豆屋旅館（神奈川県）……P.214

渋温泉　金具屋（長野県）……P.77

湯抱温泉 中村旅館（島根県）……P.253

広河原温泉　湯の華（山形県）……P.152

平田内温泉　熊の湯（北海道）……P.178

みちのく深沢温泉（青森県）……P.94

玉造温泉　長楽館（島根県）……P.252

土佐龍温泉　三陽荘（高知県）……P.255

池田ラジウム鉱泉 放泉閣（島根県）……P.253

松川渓谷温泉 滝の湯（長野県）……P.224

三斗小屋温泉　大黒屋（栃木県）……P.132

百沢温泉（青森県）……P.158

山川温泉　しらはなシンフォニー（熊本県）……P.266

荒城温泉　恵比寿之湯（岐阜県）……P.243

塩原温泉　やまなみ荘（栃木県）……P.160

玉川温泉（秋田県）……P.140

草津温泉　奈良屋旅館（群馬県）……P.152

箱根姥子温泉 秀明館（神奈川県）……P.155

長湯温泉　郷の湯旅館（大分県）……P.260

新菊島温泉（福島県）……P.159

二岐温泉　湯小屋温泉（福島県）……P.169

人吉温泉　新温泉（熊本県）……P.265

霧島湯之谷温泉（鹿児島県）……P.269

小宝島　湯泊温泉（鹿児島県）……P.182

いわき湯本 いせや旅館（福島県）……P.208

湯の峰温泉　あずまや（和歌山県）……P.246

川湯温泉　仙人風呂（和歌山県）……P.181

妙見温泉　田島本館（鹿児島県）……P.269

西ききょう温泉（北海道）……P.193

姉戸川温泉（青森県）……P.199

黒川温泉　ふもと旅館（熊本県）……P.263

吉松温泉　前田温泉（鹿児島県）……P.271

吉松温泉　つつはの湯（鹿児島県）……P.271

鳴子温泉　旅館すがわら（宮城県）……P.68

指宿温泉　弥次ヶ湯（鹿児島県）……P.273

新屋温泉（青森県）……P.199

赤川温泉　赤川荘（大分県）……P.145

蔵王温泉　かわらや（山形県）……P.123

上の湯温泉　銀婚湯（北海道）……P.66

筋湯温泉　打たせ湯（熊本県）……P.162

蓬莱湯（兵庫県）……P.245

奥奥八九郎温泉（秋田県）……P.178

高峰温泉（長野県）……P.78

屋敷温泉　秀清館（長野県）……P.226

有福温泉 御前湯（島根県）……P.254

本物の源泉かけ流し厳選300

温泉博士が教える最高の温泉

小林裕彦
Yasuhiko Kobayashi

集英社

はじめに

温泉地における宿泊者数は、年間1億3057万人（平成30年3月末現在）にも及んでいます。また、近年増えつつある日帰り温泉施設の利用者もかなりの数になると思われます。そして、世の中には、温泉に関する書籍、インターネット等の情報が満ちあふれています。温泉は、日本食、アニメなどと並んで日本の文化そのものといっても過言ではありません。

私は、岡山弁護士会に所属する岡山県在住の一弁護士にすぎませんが、あるときから源泉かけ流し温泉は心身の癒やしに効果があることを実感して、それ以降、暇を見つけては全国の温泉を巡ってきた者です。全国の温泉地（宿泊施設のある場所）は2983か所（平成30年3月末現在）とされていますが（環境省「平成29年度温泉利用状況」参照）、大体めぼしい所は行ったかなという感じです。そのことと直接関係があるのかどうかは分かりませんが、現在は、岡山県自然環境保全審議会温泉部会の委員を仰せつかっています。

全国の温泉を巡っている過程で、私は消費者に対する温泉に関する情報開示が不十分だなとか、さまざまな疑問を感じるようになりました。ある東北地方の地元温泉の紹介本で、ある源泉かけ流しの旅館が「国内で約1％と言われる、源泉100％の掛け流し温泉」ということを謳っておられましたが、約1％とまで断言できるのかなと思われる反面、実態はそれくらいかなとも思っています。温泉旅館、ホテルの数や浴槽の容量に比べて、源泉の湯量は少ないのです。源泉を何度も使い回しする循環風呂は実際のところ、かなり多いのです。また、天然温泉などと謳っていても塩素臭プンプンの循環風呂の占める割合は高いのです。それにしても塩素殺菌は嫌ですね。あのピリピリした感じとプールで泳いだ後のような肌のかさつき感。循環風呂は決して温泉ではありません。

かけ流しの意味については、日本源泉かけ流し温泉協会の「源泉かけ流し」の定義で良いと思います。すなわち、「湧き出したまま成分を損わない源泉が、新鮮な状態のままで浴槽を満たしていること」がかけ流しのことです。加水と加温は、入浴に適した温度にするため、泉質を損わない範囲での最低限の加水、加温は認め、源泉不足を補うための水増し加水は認めないということです。そして、当然のことながら、源泉の不足を補うために浴槽内で循環ろ過させないということがかけ流しの前提になっています。

ところで、源泉かけ流しと謳っていても、塩素殺菌したものが相当存在します。しかし、これは源泉ではありませんし、そもそも塩素消毒しなければならないような温泉には入りたくないですね。

源泉かけ流しといっても、源泉を貯水槽などに貯めて水を加えて加温したような偽物のかけ流しもかなり多いのです。有名温泉地で、大規模な旅館・ホテルのかけ流し温泉はそういったものも多いようです。地中から湧出した源泉をそのままの状態で浴槽にかけ流している温泉は意外に少ないのです。約1%かどうかはともかくとして。

書籍等によっては、「本物の温泉とは」などと謳いながら、源泉かけ流しではない循環風呂を平気で紹介していたりするものがあります。また、高い掲載料を支払って高級志向いるグレードの高い温泉旅館の意向を汲んでいるのだろうとは思いますが、高級志向があたかも時代の流れであるかのような論調で単なる循環風呂を「これが温泉だ」みたいな感じで紹介しているようなものもありますが、私はそのような書籍等とは一線を画したいと考えています。

私は温泉をめぐる業界にはさまざまな既得権があると思っています。そのような既得権よりも、「本物の」源泉かけ流し温泉にアクセスできる消費者の利益を第一に考えて、この本を世に出すことにしました。

もくじ

第3章 良い温泉とは

第4章 ジャンル別おすすめ温泉

第5章 心を鬼にして選んだ地域別おすすめ温泉200選

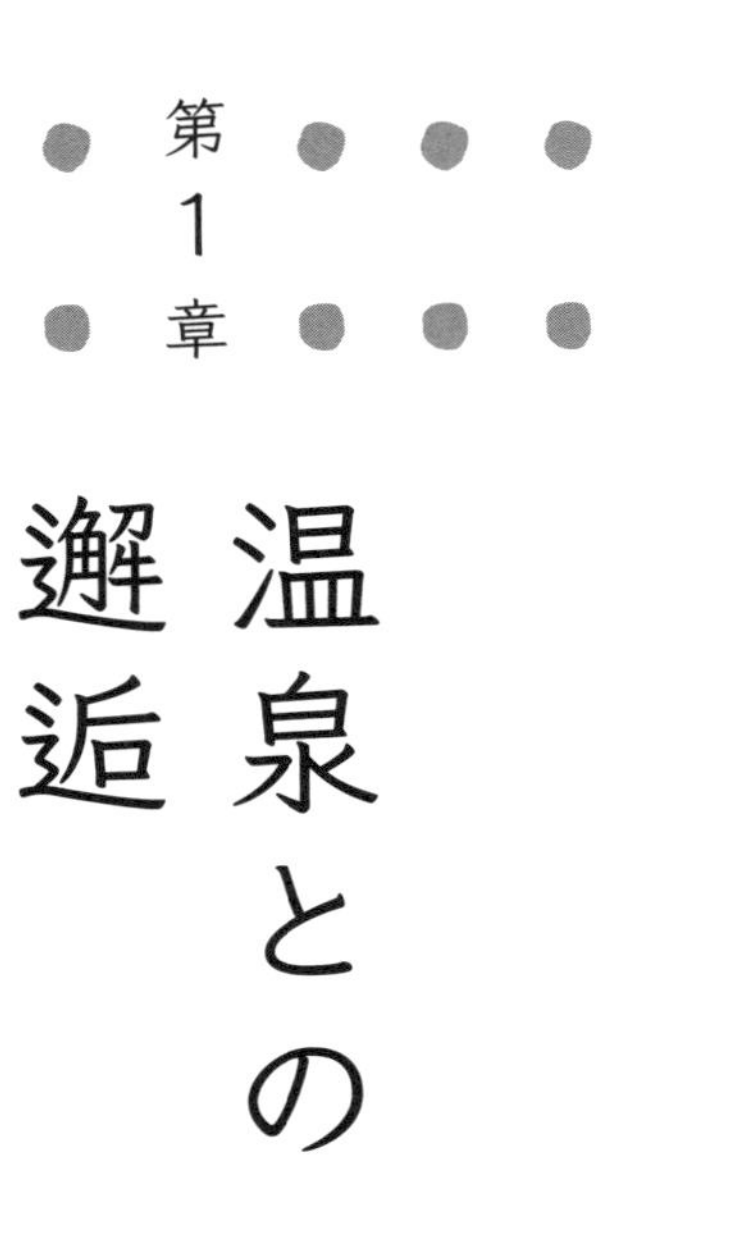

第1章 温泉との邂逅

1　本当にすごい温泉との出会い

私が温泉に本格的に興味を持ったのは平成7年頃で、当時私は35歳でした。その頃、私は、法律事務所を独立開業したばかりで、多忙を極めていて、心身ともに大変疲れ切っていました。そのような中、温泉にでも行ってみようかと偶然ふと思いつき、静かそうな温泉を選んで一人旅をしました。今から考えると、人間の生存本能が私を源泉かけ流し温泉に駆り立てたのかもしれないと思っています。

そして、私が選んで行った温泉は岩手県の夏油(げとう)温泉でした。日本秘湯を守る会が出している『日本の秘湯』を読んで、興味を持って思い切って行ってきました。携帯電話はつながらず、かといって公衆電話もなく、衛星電話があるくらいの山の中の秘湯でした。川沿いに混浴の露天風呂があり、それを遠くから見た瞬間思わず表情が緩むのを感じました。そして、湯に浸かってみると、肩の凝りや疲れが治るどころか、全身に力がみなぎるような不思議な感じがしました。地元の方々との会話は、いわゆる東北弁でところどころ何をおっしゃっているのかよく分かりませんでしたが、皆さん温かい方々ばかりで、精神的にも大変癒されました。そして、心というか頭の疲れが吹っ飛んで、大変気分爽快になりました。そのとき、温泉は本当にすごいな、心と体に効くんだなと実感しました。

2　循環風呂の弊害

循環風呂は、浴槽のお湯を集毛器、ろ過器、塩素剤注入装置、加熱器と順次循環して元の浴槽にお湯を戻すことで何度もお湯を浴槽に循環して使い回しをするものです。このような循環風呂は、一般の方が持つ「温泉」のイメージに合致するでしょうか。

私はこのような循環風呂は温泉と呼ぶべきものではないと考えています。外国産の牛肉を日本国産と偽って販売しているよりもなお悪質です。なぜなら、外国産の牛肉であってもそれは一応牛肉であるのに対し、循環風呂はもはや温泉（地中から湧き出して、様々な鉱物やミネラルを含み、それゆえに健康にプラスに働くもの）ではないからです。むしろ、循環風呂は、プールの水と同様、消毒剤として塩素が大量に混入されており、体に悪いものです。加えて、いくら塩素で殺菌しているからといっても、どこの誰が入ったかもわからない湯を何度も何度も浴槽に入れ替えているのですから、そのようなものに体を浸けることを考えると物理的にも心情的にも極めて不衛生なものとしか言いようがありません。

なお、循環風呂といっても、循環はしつつも湯口からは源泉を注入しているという半循環から、最大7日間もの間ずっとお湯を使い回していて（これはもはや源泉とはいえませんね）、プールのような塩素臭しかしない偽物中の偽物の温泉まで幅があります。

3　温泉への興味の芽生え

私が温泉に興味を持ち出した初めの頃は、泉質が珍しい温泉によく行っていました。鳴子温泉（宮城県）や塩原温泉（栃木県）などは黒色、緑色、白色等さまざまな泉質の温泉があり、初めのうちは驚きの連続でした。

また、日本秘湯を守る会に加盟している温泉にもよく行っていました。この会に加盟している温泉は、全部がかけ流しという訳ではありませんし、本物の秘湯はこの会に加盟していないところもあるのですが、全体的にまああのレベルだと思います。

そのうち、いわゆる秘湯といわれるところや、式根島の地鉈温泉、八丈島の洞輪沢温泉などの温泉（以上、東京都）、トカラ列島の悪石島・湯泊温泉、硫黄島・東温泉、口永良部島・西之湯温泉（以上、鹿児島県）などの孤島系の温泉に行くようになりました。また、共同湯といわれる所にも興味を持つようになりました。

さらに、赤湯温泉山口館（新潟県）、本沢温泉（長野県）、三斗小屋温泉（栃木県）など片道3～4時間登山をしなければ行けないような温泉に行くようになりました。本格的な登山をしなければいけない温泉というと、高天原温泉、仙人温泉小屋、阿曽原温泉（以上、富山県）、白馬鑓温泉小屋（長野県）などが有名ですが、残念ながらまだ行ったことがありません。これらの温泉は、もう体力的に無理だと判断しています。

このほか、立ち入り禁止の温泉などに行ったり、一酸化炭素中毒になりかけたり、崖から落ちかけたり、熊に遭遇したり、その他さまざまな怖い体験もしました。

4　温泉マニアから温泉博士へ

そのように全国のさまざまな温泉を歴訪したり、温泉旅館の経営者や観光協会の方などからお話を伺ったりしているうちに、なぜ循環風呂が温泉と名乗れるのか、なぜかけ流しも含めて原則的に塩素殺菌を義務付ける条例が存在するのか、何故消費者に対して、旅館・ホテルの選択段階で、循環や塩素殺菌の有無などの情報を開示しないのかなどといった温泉に対する素朴な問題意識が芽生えてきました。

このように、温泉業界をめぐるさまざまな問題点や全国の珍しい温泉の話を仕事の関わりのある方々に折々話をしていたところ、私の話がおもしろいということになり、平成22年に地元岡山市のケーブルテレビで私の温泉番組がスタートしました。

それが「温泉博士小林弁護士が行く」という番組です。今から考えると、よく制作してくれたと思います。その内容は、私が中四国地方のかけ流しの温泉を泉質や歴史なども含めて真面目に紹介して、その合間に法律相談コーナー（「湯けむり相談コーナー」とか言ってました）をするという、ある意味大胆で斬新なものでした。

まあ、そのお蔭で地元では未だに温泉博士とか温泉弁護士と呼ばれていますし、何年か経ってもいろいろな人からあの番組はおもしろかったと言われています。

また、未だに温泉関係の講演を頼まれることもよくあります。岡山県内の公民館などでの講演は現在でも行っていますし、何年か前には道後温泉旅館協同組合からの依頼で「道後温泉の未来」という演題で講演したこともあります。

コラム1　温泉分析書の見方

○温泉分析書とは

温泉法では、温泉の分析書の掲示義務を事業者に課しています（温泉法第18条第1項）。温泉に行くと、浴室に掲示してある表ですね。

私は温泉に行ったときに、初めにこの温泉分析書を見るので、ひとつ見本を挙げて説明しましょう。これは、実際に、ある旅館のホームページで出されていたものから、住所、氏名等の個人識別情報を消したものです。

○温泉分析書の項目

次の8つの項目が記載されています。

1源泉分析申請者
2源泉名及び湧出地

第　　号

温　泉　分　析　書

（鉱泉分析法指針による分析成績）

1. 温泉分析申請者

住所
氏名

2. 源泉名及び湧出地

源泉名
湧出地

3. 湧出地における調査及び試験成績
   (1) 調査及び試験者
   (2) 調査及び試験年月日　平成26年6月20日
   (3) 泉温　34.5 ℃　(調査時における気温　21.3 ℃)
   (4) 湧出量　137.5 L/min　(動力揚湯)
   (5) 知覚的試験　無色・澄明・無味・無臭
   (6) pH値　8.8　(ガラス電極法)
   (7) 電気伝導率　134 mS/m (25℃)
   (8) ラドン(Rn)含有量　－　$\times 10^{-10}$ Ci/kg　(－ M.E/kg)
4. 試験室における試験成績
   (1) 試験者
   (2) 分析終了年月日
   (3) 知覚的試験　無色・澄明・無味・無臭（試料採水8時間後）
   (4) 密度　0.9994　(20℃/4℃) g/cm³
   (5) pH値　8.60　(ガラス電極法)
   (6) 蒸発残留物　1.134　g/kg (180℃)
5. 試料1kg中に含有する成分、分量及び組成

(1) 陽イオン

成分名	ミリグラム (mg)	ミリバル (mval)	ミリバル% (mval%)
リチウムイオン (Li^+)	<0.1	－	－
ナトリウムイオン (Na^+)	41.8	1.82	11.59
カリウムイオン (K^+)	0.9	0.02	0.13
アンモニウムイオン (NH_4^+)	<0.1	－	－
マグネシウムイオン (Mg^{2+})	0.4	0.03	0.19
カルシウムイオン (Ca^{2+})	276.9	13.82	88.03
ストロンチウムイオン (Sr^{2+})	0.3	0.01	0.06
バリウムイオン (Ba^{2+})	<0.1	－	－
アルミニウムイオン (Al^{3+})	<0.1	－	－
マンガンイオン (Mn^{2+})	<0.1	－	－
鉄(II)イオン (Fe^{2+})	<0.1	－	－
鉄(III)イオン (Fe^{3+})	<0.1	－	－
陽イオン　計	320.4	15.70	100

(2) 陰イオン

成分名	ミリグラム (mg)	ミリバル (mval)	ミリバル% (mval%)
ふっ化物イオン (F^-)	0.3	0.02	0.12
塩化物イオン (Cl^-)	43.4	1.22	7.53
臭化物イオン (Br^-)	<0.1	－	－
よう化物イオン (I^-)	<0.1	－	－
硫化水素イオン (HS^-)	0.3	0.01	0.06
硫黄イオン (S^{2-})	<0.1	－	－
チオ硫酸イオン ($S_2O_3^{2-}$)	<0.1	－	－
硫酸イオン (SO_4^{2-})	704.4	14.67	90.56
炭酸水素イオン (HCO_3^-)	12.5	0.20	1.23
炭酸イオン (CO_3^{2-})	2.3	0.08	0.49
陰イオン　計	763.4	16.20	100

(3) 非解離成分

成分名	ミリグラム (mg)	ミリモル (mmol)
メタけい酸 (H_2SiO_3)	23.5	0.30
メタほう酸 (HBO_2)	0.7	0.02
メタ亜ひ酸 ($HAsO_2$)	<0.1	－
非解離成分　計	24.2	0.32

(4) 溶存ガス成分

成分名	ミリグラム (mg)	ミリモル (mmol)
遊離二酸化炭素 (CO_2)	0.1	0.00
遊離硫化水素 (H_2S)	<0.1	－
溶存ガス成分　計	0.1	0.00

溶存物質（ガス性のものを除く）　1.108 g/kg

溶存成分総計　1.108 g/kg

(5) その他の微量成分

成分名	ミリグラム (mg)
総水銀 (Hg)	0.0005 未満
総ひ素 (As)	0.01 未満
銅 (Cu)	0.01 未満
鉛 (Pb)	0.01 未満

6. 泉質　カルシウム―硫酸塩温泉（低張性・アルカリ性・温泉）
7. 備考
8. 禁忌症、適応症　温泉分析書別表中１に記載する。

平成　年　月　日

3湧出地における調査及び試験成績
4試験室における試験成績
5試料1kg中に含有する成分・分量及び組成
6泉質
7備考
8禁忌症・適応症

○泉質

私は、6の泉質を初めに見ます。サンプルでは、カルシウム―硫酸塩温泉（低張性・アルカリ性・温泉）と表示されています。カルシウム―硫酸塩温泉は後で説明するとして、低張性とは、溶存物量総量が8g／kg未満をいい、大部分の温泉は低張性になります。ちなみに、溶存物質総量が8g／kg以上10ｇ／kg未満は等張性、10ｇ／kg以上は高張性に分類されます。

アルカリ性は、4の試験室における試験成績の（5）のｐＨ値が8・6なのでアルカリ性ということになります。ちなみに、ｐＨ3未満が酸性、ｐＨ3以上6未満が弱酸性、ｐＨ６以上７・５未満が中性、ｐＨ７・５以上８・５未満が弱アルカリ性、ｐＨ８・５以上がアルカリ性に分類されます。

○泉温と湧出量

続いて、見るのが３の「湧出地における調査及び試験成績」の⑶、⑷の泉温と湧出量です。

①泉温

サンプルでは、泉温は34・５℃、湧出量は１３７・５Ｌ/㎜（動力揚湯）となっています。泉温は低いけれども湯量は多いなという感じです。

一般的に、泉温が47℃以上であれば、源泉からの距離も関係してはきますが、まず加温はないだろうということになり、反対に70℃を超えてしまうと、温度を下げるために加水があり得るなということになります。

サンプルでは、泉温が34・５℃になっているので、浴槽に入ったときに暖かかったら、加温しているなということになります。

②湧出量

湧出量は最も重要で、一般的に、これが50Ｌ以上／分であれば源泉かけ流しの期待が高まります。もっとも湧出量はあくまでも源泉でのお話しなので、その源泉からの配湯先が複数あれば、かけ流しは難しいかもしれません。

サンプル値の１３７・５Ｌ／minだけでは、本物のかけ流しかどうかは判断できないことになります。

○温泉成分、分量及び組成

続いて、５の「試料１kg中に含有する成分、分量及び組成」を見ます。成分分析については、陽イオンと陰イオンの種類と量（ミリグラム等）を見ることになります。

まず、陽イオンで何が多いかを見ます。サンプルでは、カルシウムイオンが２７６・９mgと突出して多く、ナトリウムイオンがそれに続いています。大体陽イオンはナトリウム、カルシウムが多く、時にカリウム、マグネシウム、鉄イオンが見られるくらいです。この温泉は、少し珍しいということが分かります。

陰イオンは、大体、塩化物イオン、炭酸水素イオン、硫酸水素イオンが多く表われますが、サンプルでは、硫酸水素イオンの数値が７０４・４mgと突出しています。この硫酸水素イオンが７００mgを超えるのは珍しい方だと思います。

泉質の表示には、ルールがあって、陽イオン、陰イオンのうち、「ミリバル％」が20を超えるものを多いもの順に並べます。サンプルの泉質は、陽イオンではカルシウムが、陰イオンでは硫酸イオンがミリバル％が20を超えるので、カルシウム―硫酸塩温泉ということになります。例えば、カルシウムのほか、ナトリウムのミリバル％が20を超えていると、カルシウム・ナトリウム―硫酸塩温泉ということになります。

コラム2　温泉の泉質と適応症

温泉には、単純温泉、塩化物泉、炭酸水素塩泉、硫酸塩泉、硫黄泉など10種類あります。温泉の種類はあくまでも源泉の化学成分とその含有量を元にしているだけで、実際の浴槽に入っている温泉の性質、特徴とは異なります。「○○温泉が脂肪肝や高尿酸血症にいい」、「○○温泉が不眠症やうつ病にいい」、それは食事や運動で改善すべきです。それは温泉全般にある程度言えることでしょう。温泉は転地効果が何より効果的だからです。温泉分析書は参考までに見て、気楽に考えた方がいいと思います。

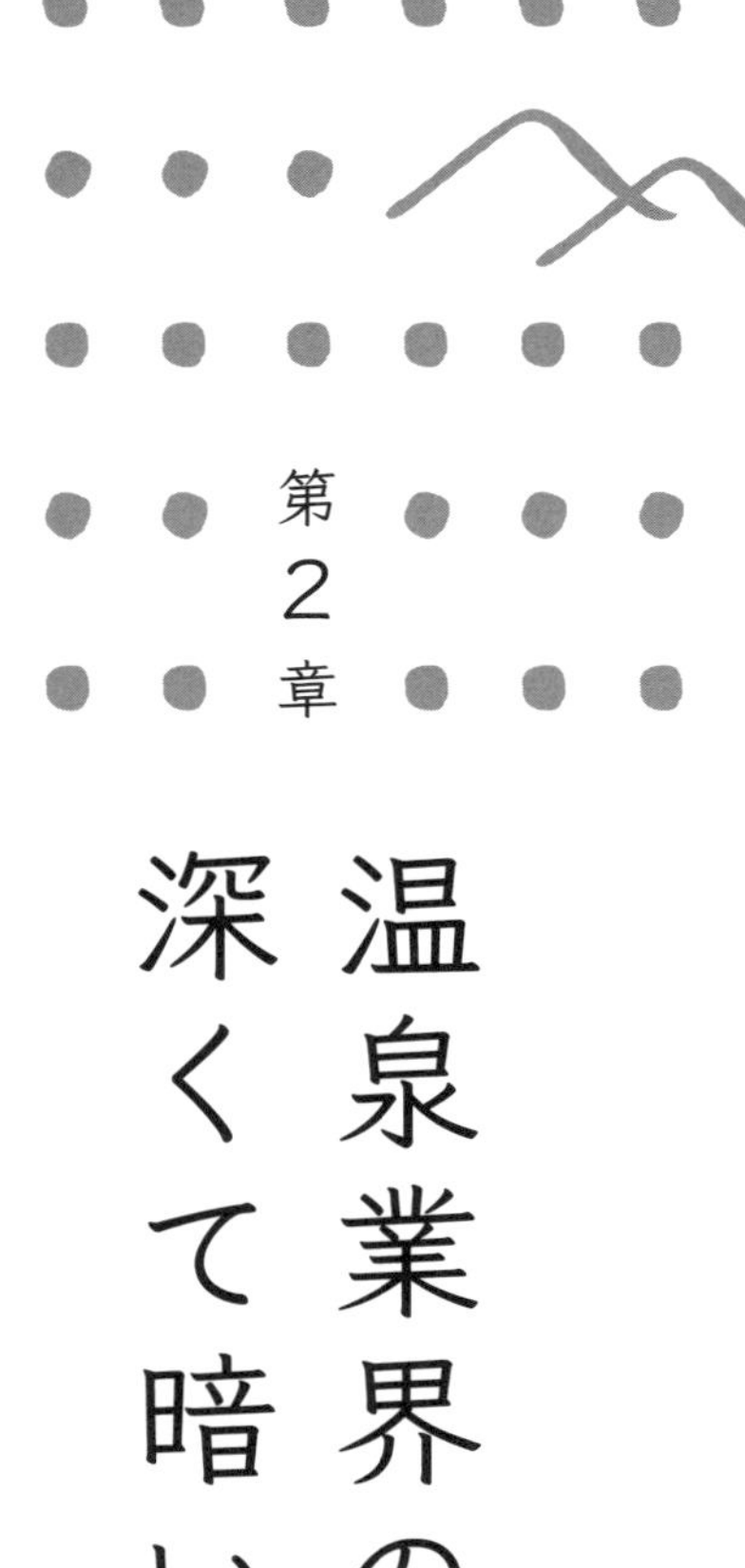

第2章

温泉業界の深くて暗い闇

1　公正取引委員会の温泉に関する調査報告

公正取引委員会は、平成15年7月31日、従前の温泉表示がずさんであって、消費者を偽っている旨の調査報告書を公にしました。この点は大変重要です。というのは、温泉行政を所管する当時の環境省（以前は温泉法の所管は厚生省）が適正な温泉表示に関しては十分な対応をしてこなかったことを事実上明らかにしたと考えられるからです。

この調査報告書では、まず、温泉を使用している１３１０軒について、温泉を循環している割合が69・7％、かけ流しのみが11・5％という報告がなされており、循環風呂の割合の高さが明らかにされています。それにしても、かけ流しのみが1割強というのは驚きです。しかも、この1割強の中には、塩素殺菌がなされているものが相当数含まれているのです。

次に、加水、加温、循環を行っている１１４６軒について、宿泊客がそのことが分かるようにパンフレットやホームページ等で表示しているかという点については、表示していないという回答が何と79・2％に達しているというショッキングな報告がなされています。何と、全国の温泉のかなりの割合を占めている循環風呂の約8割は加水、加温、循環の表示さえろくにしていなかったのです。温泉旅館・ホテル業界と所管行政は、消費者に対する温泉に関する情報開示に如何に消極的であったかがよく分かります。

この調査報告では、①温泉に循環ろ過等を行っているにもかかわらず、パンフレット等において「源泉１００％」、「天然温泉１００％」など、源泉をそのまま利用しているような強調表示を行うことは、消費者の誤認を招くおそれがあること、②「天然温泉」との表示を行う場合には、あわせて、加水・加温・循環ろ過装置の使用の有無に関する情報が提供されるべきであること、③パンフレット等において療養泉としての適応症表示を行う場合で、その表示が湧出地における源泉を基準に判断したものである場合は、浴槽内の湯についての適応症であるとの消費者の誤認を招かないよう、その旨を明瞭に表示する必要があることなどを指摘しています。

しかし、①については、循環風呂であるにもかかわらず、「源泉１００％」、「天然温泉１００％」といった表示を行うこと自体、消費者の誤認を招くおそれがあるというにとどまらず、景品表示法第４条第１項第１号で禁止されている優良誤認表示（商品又は役務の品質、規格その他の内容について、一般消費者に対し、実際のものよりも著しく優良であると示し、又は事実に相違して当該事業者と同種若しくは類似の商品若しくは役務を供給している他の事業者に係るものよりも著しく優良であると示す表示であって、不当に顧客を誘引し、一般消費者による自主的かつ合理的な選択を阻害するおそれがあると認められるもの）に該当することは明白です。消費者の誤認を招くおそれがあるなどといった生やさしいものでは決してありません。

また、②の天然温泉の表示については、循環風呂などの表示をすべきかどうかなどといった問題ではなく、消費者の誤認を防ぐという景品表示法の趣旨からみて、そもそも循環風呂であるにもかかわらず、天然温泉といった表示をすること自体禁止すべきです。

加えて、③の療養泉については、循環風呂が源泉の療養効果があるかどうかは不明確なので、源泉を基準にした適応症であることを表示すること自体が消費者に誤解を与えかねません。循環風呂については、浴槽水の温水に療養泉の効果があるかどうかの検査を義務付けた上で、効果が認められる場合にのみ適応症の表示を認めるべきです。

以上のとおり、公正取引委員会の調査報告書は、やや温泉業界や所管行政に配慮した感じがしますが、温泉業界や所管行政がいかに「温泉業界の深くて暗い闇」の下で、消費者を欺いてきたかを明らかにした点で一定の評価に値するものと私は考えています。

2　行政の「温泉に関する情報開示」の姿勢

温泉法第18条第1項、同法施行規則第10条第2項は、次のとおり規定されています。

（温泉法第18条第1項）
温泉を公共の浴用又は飲用に供する者は、施設内の見やすい場所に、環境省令で定めるところにより、次に掲げる事項を掲示しなければならない。

一　温泉の成分

二　禁忌症

三　入浴又は飲用上の注意

四　前三号に掲げるもののほか、入浴又は飲用上必要な情報として環境省令で定めるもの

（施行規則第10条第2項）

法第十八条第一項第四号の環境省令で定める情報は、次の各号に掲げる事項とする。

一　温泉に水を加えて公共の浴用に供する場合は、その旨及びその理由

二　温泉を加温して公共の浴用に供する場合は、その旨及びその理由

三　温泉を循環させて公共の浴用に供する場合は、その旨（ろ過を実施している場合は、その旨を含む。）及びその理由

四　温泉に入浴剤（着色し、着香し、又は入浴の効果を高める目的で加える物質をいう。ただし、入浴する者が容易に判別することができるものを除く。）を加え、又は温泉を消毒して公共の浴用に供する場合は、当該入浴剤の名称又は消毒の方法及びその理由

この施行規則第10条第2項は、いわゆる温泉偽装問題を受けて、平成17年5月になってやっと施行されたものです。

なんと、法制度上は、平成17年に至るまで、加水、加温、循環の有無、塩素殺菌の有無といった極めて基本的でかつ重要な情報について、施設内の見えやすい場所での掲示義務さえなかったのです。いかに行政が消費者の温泉に関する情報へのアクセスに対して消極的な態度を採っていたかがよく分かります。

なぜ、行政がそのような消極的な態度を採っていたのでしょうか。行政が消費者に対する温泉に関する情報提供の重要性と必要性に思い至らなかったというよりも、源泉の不足により、循環風呂しか提供できない温泉業界の既得権の方を優先していたと考えるのが自然ではないでしょうか。

また、温泉法では、「温泉経営者は、温泉に関する分析表を浴室の見えやすい場所に掲示する義務がある」ことになっていますが、実際の浴槽の温泉の泉質は温泉分析書に記載している泉質ではありません。

私は、この点に大変違和感を感じています。

はっきり言って「子供だまし」です。

実際に入る浴槽の中の温泉と全く異なっている源泉の泉質をいくら提示したところで、全く意味がないと、皆さん思われませんか。塩素殺菌した使い回しの循環風呂に浸りながら、源泉の泉質に思いを馳せろとでも言うのでしょうか。

温泉分析書は、本物のかけ流し、塩素殺菌したかけ流し、かけ流しと循環の併用型については、それぞれ「浴槽の温泉」の泉質分析表と、参考資料として源泉の分析表の提示義務を課すべきです。そして、循環風呂（人工温泉）は、あえて温泉分析書の提示義務を課さなくてもいいのではないかと考えています。循環風呂の場合、実際に浴槽の中に入っている温泉は、採取時の源泉とは全く異なるもので、プールの水を暖めたようなものにすぎないからです。

循環風呂だとほとんど温泉の実体がないにもかかわらず、多数の温泉旅館やホテルは、それを温泉と銘打って消費者に温泉サービスを提供しています。循環風呂を、いかにも温泉分析書に書かれている温泉らしく提供することは、詐欺的な表示ではないでしょうか。私は、詐欺に該当すると考えています。

循環の有無、塩素殺菌の有無等の掲示義務違反については、30万円以下という罰則があります（温泉法第41条第2号）。

しかし、かかる掲示義務を果たしていない温泉旅館が実は数多くあります。私自身がそのような例はたくさん見ています。この点からも、行政は消費者に対する温泉に関する情報の提供、開示にはあまり積極的ではないといえます。

3　消費者への不十分な温泉情報開示

私は以前、北陸のある温泉地に行ったときに、近くの日帰り入浴に行こうとして、ＯＴＡのサイトで「日帰り入浴」、「かけ流し」で検索して、ある旅館を探して行きましたが、これが完全なる循環風呂でした。ある程度時間をかけて電車に乗って行ったにもかかわらず、くたびれ損というか、せっかくその前にいいかけ流しの温泉に入ったことが台無しになってしまって、大変残念な思いをしたことがあります。

また、関西の温泉地のある温泉旅館では、公式ホームページで、かけ流しを大々的に宣伝していらっしゃいましたが、大浴場は完全な循環で、別料金を払って入れる家族風呂だけが、かけ流しというところがありました。私が「これは詐欺ですよ」と言ったところ、申し訳ありませんという感じで家族風呂に入れてくれたところがありましたが、全く言語道断です。

温泉旅館の公式サイトなどでは、かけ流しといっても塩素殺菌の有無は必ずしも明らかにされておらず、温泉利用者にとっては、必要な情報開示という意味では不徹底といわざるを得ません。というか、これまで、あまりにも温泉に関する情報が乏しすぎたためか、温泉利用者が本物のかけ流しかどうかの問題意識や疑問を持つことさえ叶わなかったというのが実情でしょう。

私は、温泉法を改正して、旅館・ホテルのパンフレット、ホームページを作成する場合は、これらの中に、温泉法施行規則第10条第2項の情報、すなわち、加温、加水、循環の有無、塩素殺菌の有無等（以下、「温泉基本情報」とします）を、開示するよう義務付けるべきであると考えます。

そもそも、温泉に関するこれらの基本情報を施設内の見えやすい場所に掲示するだけでは足りません。消費者が施設に行ってから温泉基本情報に接したのでは既に遅いのです。消費者が施設に行く前に温泉についての正しい情報にアクセスできる環境を整備すべきです。これを行わない限り、温泉業界の深くて暗い闇はいつまで経っても深くて暗いままです。

特に、かけ流しと謳っていても、塩素殺菌がなされているかどうかは分かりにくいのが実情です。塩素殺菌は、単なる消毒でして、私はそのような消毒をしなければならないような汚い不衛生な温泉には入りたくないので、塩素殺菌の有無も含めた温泉基本情報の開示は是非とも必要であると考えています。

循環風呂や塩素殺菌された温泉は、温泉法に規定する温泉ではなく、単に「加工された人工温泉」に過ぎないということを改めて明言しておきます。温泉業界も所管行政も循環風呂や塩素殺菌された温泉は本物の温泉ではないという当たり前の事実を、そろそろ消費者にきちんと情報開示して、その上で消費者の自由な判断で本物の温泉を選択する機会を与えるべきです。

4　源泉かけ流し不衛生論

源泉かけ流しといっても、源泉の注入量が少ないとかえって汚れが溜って不衛生だといった意見があります。

源泉の湯量が少ないため、塩素臭プンプンの循環風呂しか設置できない施設においては、「浴槽水の衛生管理のため循環装置を設置している」といった表示をしているところがあります。決して、源泉の湯量が少ないからといった本音は書かないのです。

この源泉かけ流し不衛生論については、よほど浴槽が深くて源泉注入量が極端に少なくて、一日にかなり大勢の人が入浴して、毎日浴槽水を抜いて清掃しないという特殊な源泉かけ流しでない限り、私は最大7日間もどこの誰が入ったか分からないお湯を使い回す循環風呂よりは物理的にも心情的にも清潔だと確信しています。読者の皆さんもそう思われませんか。

5　いわゆる総合評価論

最近は、長野県の白骨温泉等のいわゆる温泉偽装問題を契機として、源泉かけ流しという言葉がかなり浸透していますし、旅館紹介サイトでも源泉かけ流しの旅館の紹介がなされています。

しかし、一般の方々の間では、「源泉かけ流しが良いのは分かるけども、温泉というのは、何も泉質だけではなく、料理、もてなし、歴史、文化、温泉情緒などといった総合力で評価が決まるのじゃないの」という感じをお持ちの方も相当いらっしゃるのではないかと思います。温泉に関しての総合評価論といってもいいと思います。

この認識は、決して誤りではありませんし、人にはそれぞれ好き嫌いがあるのも事実です。しかし、私は、このいわゆる「総合評価論」は全く温泉ではない循環風呂をあえて温泉らしくカムフラージュするための巧妙なテクニックではないかと考えています。大部分の温泉が源泉の不足のため、循環風呂や塩素殺菌済みの温泉に成り下がらざるを得なくなってしまっている状況下で、「源泉かけ流しが本物の温泉で、それ以外は偽物の温泉」という事実をぼやかす意味合いで、総合評価論が温泉業界や温泉紹介本によって消費者に刷り込まされてきたのではないかと考えています。

この総合評価論については、どう考えてもこれは旅館の評価であって、決して温泉自体の評価ではありません。循環風呂については、どのような環境、景観、料理、文化等があろうがなかろうが、温泉自体が本物の温泉ではない以上、温泉としては全く評価に値しないということです。

個人的な経験で恐縮ですが、以前私は山梨県の秘湯に妻を連れて行ったことがあります。それは、山の中の温泉地の宿で、建物が古くて、部屋が狭くて、料理がシンプルで、バスタオルもなくて、布団を自分で敷いて、しかもいわゆる煎餅布団といった感じの所でした。しかし、泉質は源泉かけ流しで申し分なく、しかも混浴ということで、私は十分満足だったのですが、残念ながら妻は完全に不機嫌になってしまいました。

どうも妻の当時の良い温泉に対するイメージは、大きな鉄筋の建物で、着物を着た女性が出迎えて荷物を持ってくれて、食事は豪華で、温泉は浴槽が大きくて立派であれば泉質にはさほどこだわらない（循環風呂や半循環であっても残念に思わない）といった感じでしょうか。浴衣やシャンプーが選べたり、部屋に循環風呂があったり、高級なベッドの寝室があればもっと良かったのかもしれません。

しかし、最近では、妻も本物の源泉かけ流しの良さを実感したようで、「この旅館は高級なだけで循環風呂だから全く駄目ね」とか、「この旅館はかけ流しとは言っても塩素殺菌してるから、駄目ね」などと言うようになりました。

また、私は仕事仲間を九州などの温泉に連れて行くことがあります。私が選んだ源泉かけ流しの旅館は、必ずしも施設が立派ではなかったり、食事もそこそこといった感じなのですが、大部分の方は源泉かけ流しにはまってしまい、中には、「今まで旅行会社の紹介に欺かれていた」とか、「ネットを見て選んだ旅館がいかにインチキだったかよく分かった」などと言われる方も相当いらっしゃいます。

これらのことからも、温泉業界等が消費者に対する情報開示を疎かにしていることや、いわゆる総合評価論の刷り込みで、消費者の本物の源泉を見極める目が曇らされているということがお分かりいただけるのではないかと思います。あくまでも品質の高い源泉かけ流しを前提にした上で、自然環境、料理、もてなし等の良い旅館が良い温泉ということになるのです。

温泉とは、温泉法に規定されているとおり、地中から湧出する一定の温度又は成分を含む源泉です。

しかし、循環風呂や塩素殺菌された温泉は、温泉法に規定された自然のままの温泉ではありません。私は、このような偽者の温泉を温泉と名乗ること自体が消費者を欺く行為であると考えています。

いくら建物が立派で料理の美味しい温泉旅館に泊まったとしても、それが循環風呂だったりすると、それは本物の温泉に入ったことにはなりませんし、温泉の効能も家庭の風呂とさほど変わりません。というよりも、お湯を最大で7日間も使い回しているので、物理的にも心情的にも家庭の風呂よりもむしろ不衛生なのです。自然を楽しみたいのであれば有名な景勝地に行けばいいし、美味しい料理を食べたいのであればちゃんとした料理店に行けばいいのです。「いやそれでもいいのです」という人は別にそれで構わないのですが、消費者への温泉に関する情報が遮断されていて、その結果、その人がそのようにしか思えないのであれば大変残念です。

消費者に対して、温泉に関する情報が開示されているという状況が確保された上で、消費者が自らの判断でいわゆる総合評価論に基づいて、循環風呂や塩素殺菌の温泉をあえて選択するのであれば、何ら問題はありません。

6　温泉業界の闇のトライアングル

私は経営側の弁護士として、企業等に対して、消費者に対する情報開示はコンプラ

温泉業界を巡る深くて暗い闇のトライアングルと消費者の関係

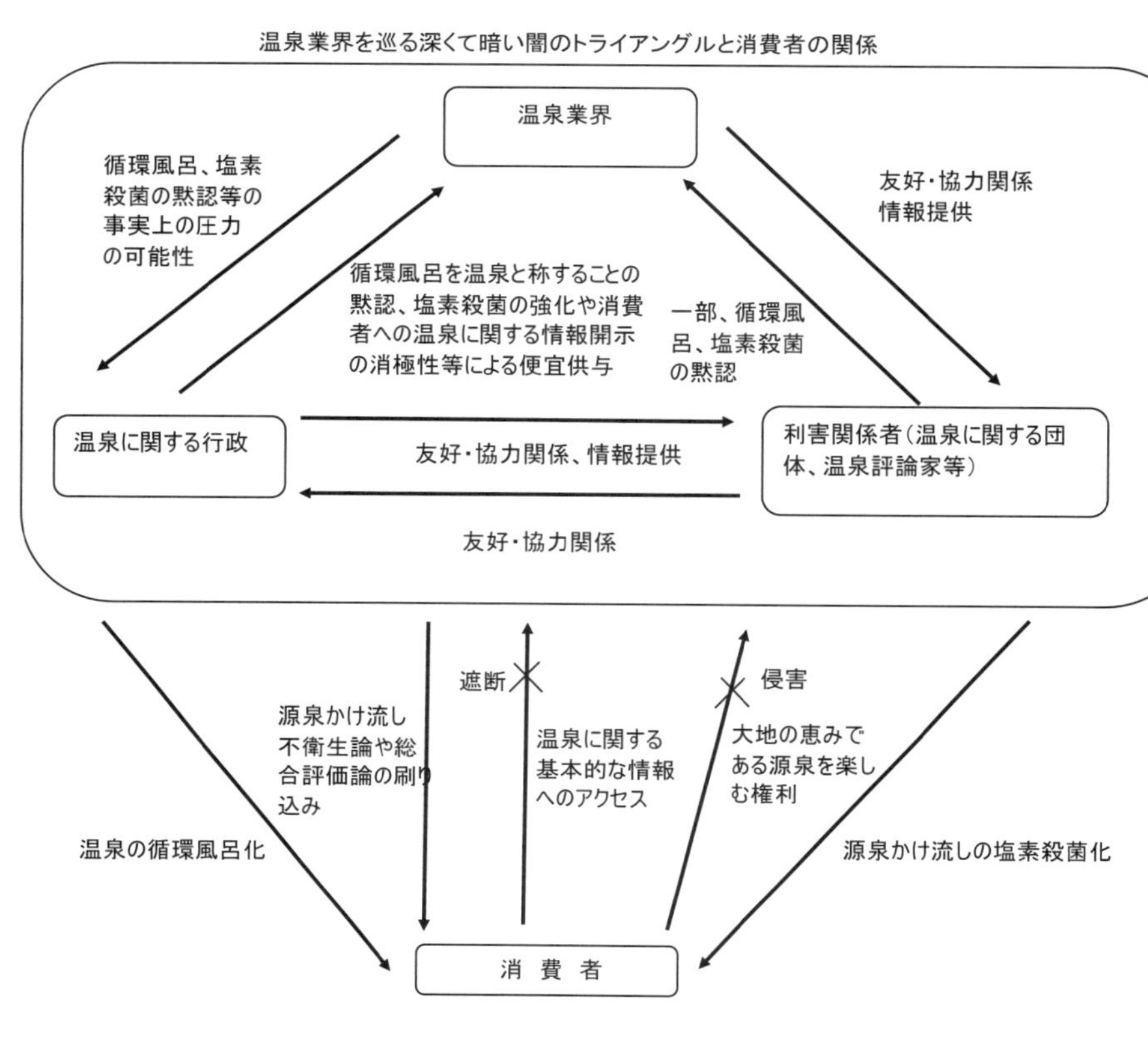

イアンス上非常に重要であることをアドバイスしているのですが、温泉業界にはそのような常識が全く通用していないのではないかという印象があります。

そもそも、最大7日間もお湯を使い回して塩素臭プンプンの完全な循環風呂を温泉と呼称するのは普通に考えておかしいでしょう。循環風呂の浴槽内の塩素臭いお湯は、温泉法第2条に規定する温泉でないことは明白です。

このような特殊な状況の原因は、私は、温泉業界の深くて暗い闇のトライアングルがあるからではないかと推察しています。そのトライアングルの3つの当事者は、次のとおりです。

(1) 既得権を維持したい温泉業界

第1は、温泉業界とも呼ぶべき温泉地の温泉旅館・ホテルの有力者及びそれらが事実上影響力を行使している旅館協同組合等の団体です。

これらの温泉業界は、循環や塩素殺菌の有無等温泉に関する情報の開示が積極的に義務付けられるのを嫌がると考えています。なぜなら、普通の人は、お湯を最大7日間も使い回す塩素臭い偽者のお湯よりも、源泉かけ流しを選択するのは当然ですから、温泉に関する情報が消費者に開示されてしまうと自分の旅館・ホテルの減収、減益のみならず、湯量が少なく循環風呂の割合が高い温泉地自体の地盤沈下を招いてしまうからです。というよりも温泉に関する正しい情報が消費者に直接ありのまま開示されてしまうと循環風呂を温泉と称して消費者を偽ってきた大部分の旅館・ホテルは倒産してしまうのではないかと恐れているのではないでしょうか。

これらの温泉業界は、所管行政に対して、循環風呂は温泉ではないということを消費者にストレートに開示することがないように、圧力をかけているかどうかは証拠がありませんが、少なくとも温泉を所管する行政が温泉に関する情報の開示にあまり熱心ではなかったことはこれまで述べたとおり明らかだと思います。循環風呂や塩素殺菌された温泉は、もはや温泉ではないという私の持論は、当然のことながら、これらの温泉業界には決して受け入れられない暴論ということになるのでしょう。

私は、温泉業界の既得権よりも、消費者の温泉に関する基本情報にアクセスできる権利、さらには、消費者の人格権的権利としての「大地の恵みである源泉を楽しむことのできる権利」を優先すべきと確信しています。

(2) 温泉に関する事なかれ主義の行政

第2は、温泉を所管する行政です。

行政といっても国レベルと都道府県レベルに分けられます。

国の行政は、いわゆる事なかれ主義に基づき、レジオネラ菌による感染を防ぐこと（いわゆるレジオネラリスク）を過度に評価して、源泉かけ流しと循環風呂を問わず、塩素殺菌を原則的に強制するかのような条例案を都道府県に通達したり、循環風呂を温泉と呼称できることを放置しています。

一方、都道府県の行政では、法令、温泉法施行条例等に基づき、さまざまな行政指導を行っていますが、この行政指導は意外に曲者です。というのは、源泉かけ流しと循環風呂を問わず、原則的に塩素殺菌を義務付ける条例を設けている都道府県の担当者の中には、源泉かけ流し温泉にまで塩素殺菌をしなければならないという杓子定規的な原則論を振りかざしてくる方が相当いるからです。この種の話は、いろいろな温泉地に行って、源泉かけ流しで頑張っている温泉旅館経営者の方から「本当に困った話」としてよく聞く話です。

行政は、消費者が本物のかけ流しの温泉にアクセスできるかどうかよりも、塩素臭い循環風呂を長年提供してきた温泉業界と仲良くする方が得策だと考えているのかもしれません。行政の関係団体に至っては、循環風呂であるにもかかわらず、天然温泉表示といった訳の分からない表示まで行っているくらいです。

温泉を所管する行政が消費者に対して、温泉に関する情報開示にこれまで積極的でなかったことについては、何らかの「忖度」があったのではないかとさえ感じられます。前述のとおり、消費者に対する温泉情報の提供に問題があることを指摘したのは、温泉法を所管する環境省ではなく、公正取引委員会であったことを我々は重視する必要があります。

行政や温泉業界の中には、塩素殺菌が源泉の泉質に影響を及ぼさないかのような反論をしている場合もありますが、これは全く嘘です。塩素薬剤を入れて、泉質が変わらない筈はありません。少なくとも源泉が持つ還元力が失われて酸化系になるのは明らかです。こんなことは、源泉かけ流し温泉と塩素殺菌のかけ流し温泉に実際に入れば、その違いは誰でも分かることです。鼻が詰まっていて塩素臭がしなくても、残留塩素の肌を刺す感じが分からないのでしょうか。また、仮に、この方々は、自分達の子供や孫がアトピー性皮膚炎だった場合に、そのような塩素浸けの循環風呂に入れたいと本気で考えるのでしょうか。

(3) さまざまな思わくのある利害関係者

第3は、温泉に関するさまざまな学会を含む団体や温泉評論家等の利害関係者です。これらの利害関係者は、温泉業界や行政とは比較的友好関係にあるのではないかと考えています。

温泉評論家の中には、いわゆる源泉かけ流し至上主義と見られる方や、塩素殺菌義務付け等を批判する方々もいらっしゃいますが、何か一定の配慮があるのでしょうか。消費者に対して温泉に関しての正確な情報を提供しなければならないという視点や、循環風呂などを温泉と称することが詐欺的であるという当たり前の感覚が乏しいように思われます。

また、源泉かけ流しにこだわった温泉の紹介本でも、何故このレベルの泉質の旅館・ホテルを載せているのかよく分からないものや、旅館・ホテルが取材費や掲載料を支払わなかったからでしょうか、源泉かけ流しの旅館の紹介がなされていなかったり、また紹介がなされていてもその内容が他に比べて不十分であったり、マイナスに受け取られかねない表現をしているものもあります。

加えて、いわゆる高級旅館を持ち上げ過ぎの温泉紹介本もあります。1泊5万円以上とか10万円以上の旅館・ホテルは庶民には普通は手が届きませんが、これくらいの贅沢はもてなしに見合うといった類のものです。多額の広告宣伝費を使った単なるコマーシャルに過ぎません。テレビ番組の温泉ランキングを以前観たことがありますが、あれは本当に消費者が決めているのか疑わしいところがある上、その温泉旅館の温泉に関する情報が十分に開示された上での投票なのかどうかよく分かりません。というのは、どう見ても循環風呂しか設置していない旅館のランクが異常に高かったりするからです。よほど宣伝広告費を負担されたのだろうと思います。

一般論で恐縮ですが、ある業界に長く関わっていると、業界の主流的なものに異を唱えにくいという共通認識が生じてしまうことがあるのだろうと思いますが、温泉業界もそうなのかもしれません。

結論を言えば、循環風呂は温泉ではないという当然のことが明白になれば、湯量が少なく循環風呂しか設置できない大部分の温泉旅館・ホテルが消費者からそっぽを向かれて倒産しかねないから、温泉業界と行政と利害関係者は協力して、消費者に対する温泉に関する情報開示はほどほどにしておきましょうというのが、温泉業界の深くて暗い闇の実体です。

その結果、消費者の温泉に関する基本的な情報へのアクセスは事実上遮断されて、温泉を所管する行政の行政指導により大地の恵みである源泉の循環風呂化と塩素殺菌化が進んでいるのです。

7 温泉をめぐる私の考えの6つのポイント

(1) 循環風呂や塩素殺菌の温泉は温泉ではないことを明確にすべき！

循環風呂は、温泉法以前の問題として、消費者の常識からみておよそ温泉とはいえません。また、循環風呂や塩素殺菌の温泉は、温泉法に規定された温泉ではないので、温泉と呼称しては駄目です。「人工温泉」とか、「塩素殺菌済み温泉」とでも呼ぶべきで、この点を明確にすべきです。

(2) 消費者に対して温泉に関する基本情報を開示すべき！

平成15年7月の温泉法施行規則の改正により、温泉を公共の浴用等に供する者は、加温、加水、循環の有無、塩素殺菌の有無の掲示を行う義務が課せられていますが、掲示対象項目が不十分の上、未だ十分に情報開示がなされているとはいえない状況です。

「景品及び表示に関する法律」における「優良誤認表示の禁止」とその趣旨に基づき、温泉業界や行政は、消費者に対して、温泉に関する基本情報を正しく開示すべきです。加えて、浴槽内の温泉に関する泉質に関する情報を開示すべきで、源泉の泉質に関する情報は参考にとどめるべきです。

(3) 循環風呂には温泉分析表の掲示義務は無用！

塩素殺菌をして最大7日間もお湯を使い回ししているだけの循環風呂に、源泉の温泉分析書を掲示する必要性と合理性は全くありません。単に消費者を欺いて混乱させるだけなので、循環風呂に温泉分析書の掲示義務は不要ですし、むしろ掲示を禁止すべきです。

(4) 循環風呂は、療養泉の効能があるかどうかを確認した上での適応症の掲示を認めるべき！

源泉と全く異なった泉質の循環風呂に源泉の適応症はストレートに認められるはずはありません。循環風呂にそもそも療養泉の効能があるのかどうか分かりませんが、その効能を検証した上で適応症の掲示を認めるべきです。

(5) 源泉かけ流しの定義を明確にすべき！

源泉を注入しつつ浴槽で循環ろ過するという半循環や塩素殺菌されたかけ流しは、本物の源泉かけ流しではないので、源泉かけ流しの定義を明確にすべく、温泉法及び同法施行規則並びに鉱泉分析法指針を改正すべきです。

(6) 源泉かけ流しにまで塩素殺菌を事実上強制するような条例は即刻改正すべき！

そもそも都道府県の条例において、源泉かけ流しと循環風呂を問わず、塩素殺菌を原則的に強制するか否かについて、差異があること自体が異常です。

コラム3　レジオネラリスク

○レジオネラ菌とは

レジオネラ菌は自然界に広く生息している菌で、36℃前後が繁殖の最適温度で、給水、給湯設備等で繁殖すると言われています。そして、循環風呂の給湯設備の消毒などが不十分だと、レジオネラ菌が大量発生して、それを含んだ微少水滴（エアゾール）が抵抗力の弱い人の喉や肺に取り込まれて感染することになります。感染すると発熱、呼吸困難などを伴い、最悪の場合肺炎等で死亡することがあるとのことです。

○レジオネラ事件は人災

ここで重要なのは、源泉自体がレジオネラ菌に汚染されていたのではなく、循環風呂の循環装置の維持管理及び衛生管理が不十分だったための人災だったということです。

しかし、行政は、人の死亡という重大な結果に対する市民からの批判を恐れて、レジオネラ症の予防の手段として、塩素殺菌の実施という過剰かつ単純な対応をしてしまいました。しかし、いくら塩素殺菌を実施しても、貯湯槽や循環装置のバイオフィルムを除去しない限り、レジオネラ症のリスクは払拭できないことを理解すべきです。

その後の状況をみると、行政がいくら塩素殺菌を指導しても循環風呂でレジオネラ感染で死亡する人は後を絶ちません。

○源泉かけ流し温泉におけるレジオネラリスク

源泉かけ流し温泉でも、浴槽内の温泉や浴槽注入前の貯湯槽等の源泉において一定のレジオネラ菌が存在することもありますが、その濃度は低いのです。源泉かけ流し温泉では、源泉の注入量が少ないとか、お湯抜きと清掃を毎日していないという劣悪な状況でない限り、レジオネラ症の発生リスクは極めて少ないのです。

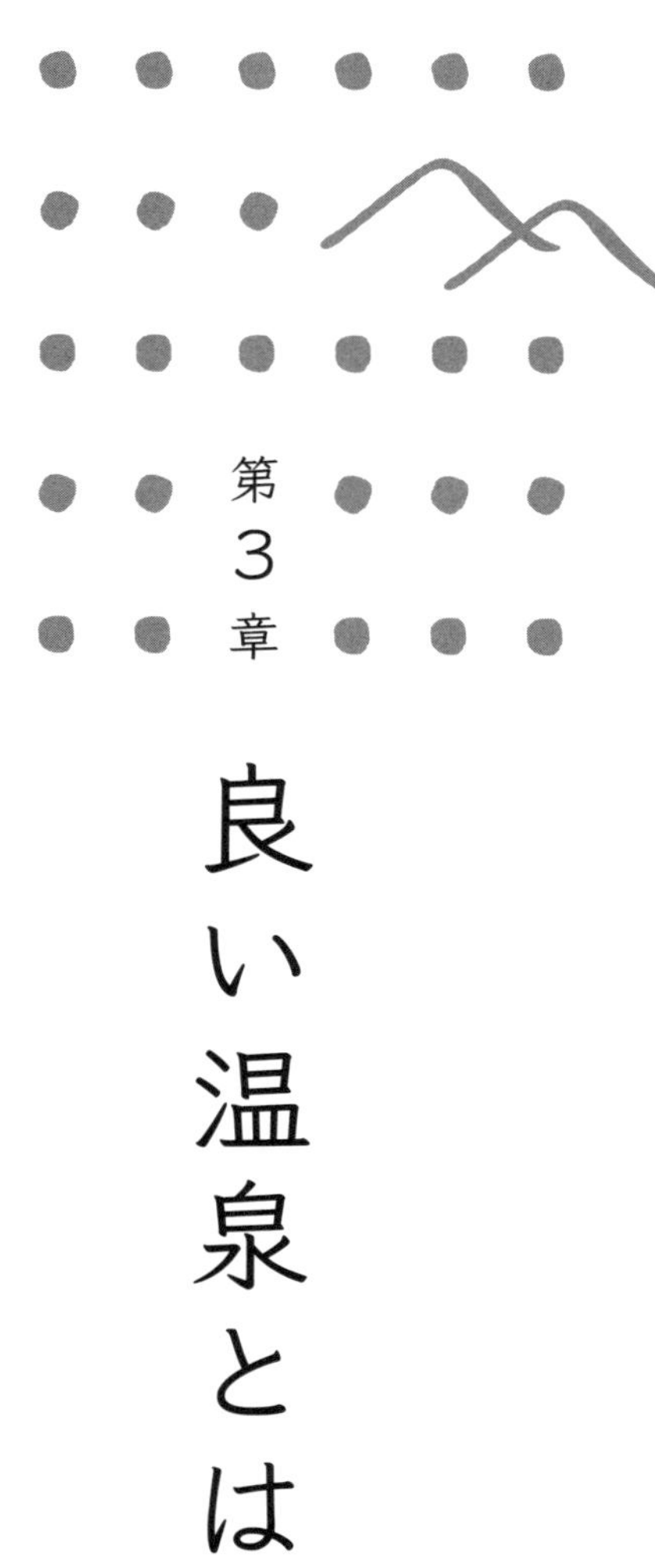

第3章

良い温泉とは

1　良い温泉の条件

私なりの良い温泉の条件を挙げると、かけ流しで、塩素殺菌がなされていないことを当然の前提として、次のとおりです。

①源泉の注入量が多い

②源泉から近い（足元湧出がベスト）

③色、臭い、ヌルヌル感など泉質が個性的である

④複数の泉質がある

⑤低温の源泉浴槽がある

⑥飲泉可能である

⑦浴槽や露天風呂に個性がある

⑧自然環境に恵まれている

⑨共同湯巡りができる

⑩歴史を感じさせる古き良さがある

⑪施設がさほど大規模ではなく、小綺麗で、サービスが良い

⑫料理がバイキングでなく、手作りでおいしい

⑬宿泊料がリーズナブルである

①源泉の注入量が多いことは重要です。浴槽の源泉の入替時間が短いほど良いということになります。

②源泉からの近さも重要です。泉質は源泉からの距離が大きければ大きいほど、落ちてしまいます。

また、足元湧出は、源泉が直に湧いている所に浴槽を作ったというものです。新鮮な温泉は、浴槽の温泉の表面を泡がはじいていて、入った瞬間気泡に包まれたり、何かエネルギーを吸収したような感じがします

③の色、臭い、ヌルヌル感などの泉質ですが、この点は好き嫌いの個人差があると思います。

私の場合、温泉に魅せられた当初はガツンと来る白濁した硫黄泉などが好きだった

のですが、最近は湯質が柔らかくて、泡がお湯の水面ではじけるような感じで、ぬるめで長湯ができるような温泉が好きです。その上で、色や臭いにある程度の個性があって飽きが来ない温泉が最高です。源泉成分表には現れないようないい泉質の温泉に巡り会えたときの感激はひとしおです。

単純泉というと、よくがっかりされる方がいらっしゃいますが、それは塩素臭い循環風呂の単純泉に入ったからだと思います。単純泉は、源泉温度が25℃以上で、溶存物総量が1g未満のものをいいますが、古くからの単純泉では、モール泉（植物が腐葉上から石炭に変わる亜炭層を経て湧くコーヒー色の温泉）のように色が付いていたり、ほのかに湯の花が舞っていたり、温泉らしい臭いや味がするものもあり、なかなか奥深いです。後に出てくる総合力の高い旅館30選＋αや地域別おすすめ温泉200選の中にも単純泉はたくさん入っています。

④複数の泉質も重要です。せっかく行く以上は複数の種類の温泉を楽しみたいですね。

⑤低温の源泉浴槽があるということ、これが少し分かりにくいかもしれません。前述の鉱泉分析法指針では、25℃未満は冷鉱泉、25℃以上34℃未満は低温泉、34℃以上

42℃未満が温泉、42℃以上が高温泉とされています。

この点も好き嫌いがあるとは思いますが、私は、低温泉と38℃くらいまでの温泉が好きです。それは、長湯ができることと、あえて加温、加水しておらず本物のかけ流し温泉に入れるからです。

⑥の飲泉も重要です。本当に泉質の良い温泉は、飲んで美味しいです。白浜温泉(和歌山県)の牟婁(むろ)の湯などでは、行幸(みゆき)源泉が使われていますが、これが実に甘い感じがして大変美味しいです。

飲泉許可は、硫黄泉、鉄泉、よう素泉など飲用水質基準に定められている溶存物質の上限を超えてしまうことからなかなか許可が出ないようですが、私は、飲泉許可やコップの有無にかかわらず、本物のかけ流し温泉の場合は自己責任で飲泉しています。

飲泉も重要ですが、風呂上がりに冷たいお茶かお水を準備しておられる旅館も有り難いです。

⑦の浴槽や露天風呂の個性は言うまでもありません。木や石を使った個性的な浴槽に泉質のいい源泉が大量に注入されているのがベストです。

⑧の自然環境に恵まれているということは単に山奥とか海辺というのではなく、心

が癒されるような自然豊かなのどかな場所ですね。

⑨の共同湯巡りができることも重要なファクターです。良い温泉は長い間地域の人によって守られています。

⑩の歴史を感じさせる古き良さは重要です。良い温泉はやはり古くから人々を癒してきたので、それなりの古き良さ（侘び寂びといってもいいと思います）があります。つげ義春氏は、「そういう貧しげな宿屋を見ると私はむやみに泊りたくなる。そして侘しい部屋でセンベイ蒲団に細々とくるまっていると、自分がいかにも零落して、世の中から見捨てられたような心持ちになり、なんともいえぬ安らぎを覚える」（『貧国旅行記』）と書いていますが、私も秘湯を巡っているうちに、その気持ちがよくわかるようになってきました。

⑪から⑬は、温泉そのものというよりも旅館のもてなしの良さになるのかもしれませんが、これは泉質ほどではありませんが、大切なファクターです。施設がさほど大きくないというのは、少し分かりにくいかもしれません。私は、以前は、大きな施設の旅館が好きだったこともありますが、どうしても浴槽が大きくなり、その分泉質が落ちるし、何かがやがやした感じがするので、最近は少し遠ざかっています。

また、宿泊料はやはり重要でして、私の場合、2万円以上の旅館はあまりお勧めしていません。後述の地域別おすすめ温泉200選に、例えば、福島県、神奈川県、鳥取県、鹿児島県の某旅館のように、泉質はかなりいいのですが、宿泊料が高い旅館はあえて入れていません。これは、それほどの料金を無理して払ってまでも行かなくてもという感じなのです。近くにもっと料金が安くて、泉質が同じくらいかもっといいところがあるからです。

このほかにも、洗い場に石鹸があることは個人的には重要です。液体石鹸だけでは、ヌルヌルして気持ちが悪いからです。スリッパは誰が履いたか分からないから気持ちが悪いとか、水虫が移るから嫌だという人がいますが、私はあまり気になりません。

良い温泉の評価は人それぞれで相対的ですね。

コラム4　冷泉をすべて加温しては駄目！

源泉の温度について述べると、例えばそれが25℃であっても30℃であっても必ずすべて加温する必要はないのです。例えば、大分県の「寒の地獄温泉」、山梨県の「岩下温泉」「増富ラジウム温泉」「下部温泉」などは、いわゆる冷泉であることを逆に「売り」にしています。三重県の榊原温泉（枕草子で「ななくりの湯」として紹介されている温泉です）などでは、源泉を加温した浴槽よりも、冷たい源泉風呂に入っている人の方が多い感じです。

本物の源泉のかけ流しだと、少々ぬるくても入れるし、入っているとジワーッと効いてきます。せっかくの自然の恵みである冷泉を何でもかんでも沸かすといった愚かなことはやめるべきで、小さくてもいいので源泉浴槽を設けるべきです。

2　自分に合った温泉の選び方

○温泉の好き嫌い

温泉を選ぶに当たって大切なことは、人それぞれに温泉にも好き嫌いがあるということです。温泉に行く目的も人によって異なると思います。

私の場合、精神的に疲れているときは、北海道か東北の温泉に、肉体的に疲れているときは九州の温泉に、どちらも疲れているときは信州、北関東の温泉に行くことが多いのですが、これも大まかな傾向にすぎません。

いわゆる高級旅館に関しては、私も何度か1泊3万円以上とか5万円以上の高級な温泉旅館・ホテルに泊まったことがあります。某亭、某荘、某楼、某庵などといったところでしょうか。また、某リゾートの施設にも泊まったことがあります。

しかし、豪華だった、立派だったという以外に何も記憶に残っていませんし、リピートしたこともありません。私の場合、やはり本物のかけ流しの温泉に浸って心身の疲れを癒やしたいということと、未知なる秘湯を極めたいという要求が強いからです。

温泉の好き嫌いは人それぞれなので、メディアとか温泉紹介本に欺されることなく、是非自分の感性に合った温泉を探していただきたいと思います。

○良質の源泉かけ流しの見つけ方

源泉かけ流しの温泉に行きたいというのであれば、それに関する書籍のほか、インターネットで、例えば、「青森県源泉かけ流し」とか、「青森県秘湯」といったワードで検索すれば、いろいろ出て来るので、それらの中から最も信頼できそうなものを選べばいいと思います。そして、その旅館等のホームページを探して泉質等を検討して、その上で、直接電話で源泉の状況や塩素殺菌がされていないことなどを確認するという方法を私はとっています。

電話で源泉に関する情報を聞こうとして態度が冷たい所は、私の経験上、やめた方がいいかもしれません。というのは、源泉に関する情報をあまり開示したくないか、源泉を売りにしていない可能性が高い旅館だからです。

源泉を大切にしていることが伝わってくる宿なら、間違いはないと思います。

○温泉地での旅館の選び方

また、温泉地で旅館を選ぶときは、その温泉地の観光協会などに聞くのもひとつの手です。「どこが一番泉質がいいですか」とか「どこが一番湯量が多いですか」などと何人かに聞けば、源泉にこだわっている旅館が大体分かります。

逆に、観光協会などで、「どこも泉質は同じですよ。」などと素っ気ない回答が返ってくる所は、源泉の集中管理方式だったり、循環風呂が多い傾向があると思います。

○日帰り入浴を積極的に受け入れている旅館

一般的に、日帰り入浴有りの旅館、ホテルの方が、そうでないところに比べて、源泉かけ流しの割合が高いと思います。

温泉地の旅館の何か所かを日帰り入浴で入って、自家源泉であることが分かったり、いったんタンクに貯めないで源泉をそのままかけ流しにしていることが分かったりして、泉質がいいなと思って、次に行ったときにそこに泊まることがよくあります。宝物を発見したようなわくわくした気持ちになりますね。

○日本源泉かけ流し温泉協会

源泉の詳細なデータと浴槽への源泉への注入量に基づき、鮮度の高い高品質の温泉を謳い文句にしているところが素晴らしいと思います。

加盟温泉地と個人会員がありますが、加盟温泉地は川湯・摩周、ぬかびら、虎杖浜、湯田川、高湯、奥塩原、関、野沢、十津川、岩井、湯原、長湯、宝泉寺といった、比較的源泉かけ流しの多い、良い温泉地が加盟しています。個人会員は高級なところが多いかなという感じもしますが、良質のかけ流し温泉を選ぶひとつの参考にはなると思います。

○九州八十八湯めぐりと別府八湯温泉道

九州八十八湯は、令和元年9月1日現在で、合計142の施設があるようですが、そのうちの八十八湯のスタンプ「御湯印帳」にもらうと「泉人（せんにん）」として表彰されるというものです。私も第1480代「泉人」になっています。九州7県の良質な源泉かけ流しの施設が加盟しており、大変参考になります。

別府八湯とは、別府、浜脇、鉄輪、明礬、観海寺、亀川、柴石、堀田の八湯のことです。その中から厳選された144施設（平成27年4月1日現在）のうちの88湯のスタンプを集めると「温泉道名人」に認定されて、別府鉄輪のひょうたん温泉の「温泉殿堂」に写真付きで表彰されます。私も第722代「別府八湯温泉道表泉家名人」になっています。この別府八湯温泉道も、良質な源泉かけ流しが加盟しているので、大変参考になります。

○日本「八十八湯×八」巡り

私は、北海道、東北、関東、甲信越、中部、関西、中国四国の各地域ブロックにも、八十八湯巡りを創って、これを九州八十八湯とリンクさせて全国に「八十八湯×八」湯制度を創設して、本物の源泉かけ流しを周知したいと考えています。これは私の夢です。

コラム5　好きな温泉地は？

よく聞かれる質問ですが、後で述べる共同湯が充実した温泉地のほか、源泉かけ流しが多く、さまざまな種類の泉質が良い温泉が密集している温泉地としては、八甲田温泉郷（青森県）、鳴子温泉郷（宮城県）、塩原温泉郷（栃木県）、吉松温泉郷（鹿児島県）などが挙げられます。

また、市街地に良質の源泉かけ流しの日帰り入浴施設が多いのは、函館市、甲府市、人吉市などでしょうか。この辺りは、後の地域別おすすめ温泉200選にもよく出てくる所です。

コラム6　温泉は体にいいの？

これもよく聞かれる質問です。温泉に入ることは医療行為ではないので、適応症ということしか言えません。よく何々泉の飲用が糖尿病の適応があるとか言いますが、私はあまり泉質ごとの適応症は気にしていません。

ただ、飲用した瞬間に「あーこれは胃腸にいいな」と感じる温泉はありますし、入った瞬間に水虫とかに良さそうだなと思うことはあります。

一般的に、温泉の効用は、温熱効果、浸透圧効果、浮力効果など家庭のお風呂に入ることと同様の効果のほか、転地による心身の「凝り」に対するリラックス効果が大きいのではないかと考えています。

その意味で、昨今問題になっているメンタルヘルスにも一定の効果があるのではないかと考えています。地味ですが、意外に効果は大ですよ。

3 総合力の高い旅館30選＋α

私は、最近は、泉質が優しくて、ツルツル感が強くて、ぬるめで長時間入れて、湯量が多くて、お湯の表面で小さい泡が弾けているような、新鮮なかけ流しの旅館が好きです。

泉質的には、温泉成分がバランス良く含まれている単純泉、肌に優しい塩化物泉、泉質が優しくて柔らかい炭酸水素塩泉又は硫酸塩泉といったところが好きです。

加えて、なるべく1万円台の料金で、スタッフのもてなしが良くて、地元の食材を使った手作りの美味しい料理の旅館によく宿泊します。

以下に挙げる旅館はすべて私が2回以上宿泊したところです。泉質や湯量はもちろんのこと、居心地の良い総合力の高い旅館です。

なお、冬期の営業の有無や日帰り入浴の可否、時間等は、ご自身で確認してください（以下、ご紹介するすべての旅館・ホテルについて同じです）。

北海道

旭岳温泉　湧駒荘

北海道上川郡東川町勇駒別旭岳温泉

旭川駅からバスで約1時間くらいです。旭岳の近くのロッジ風の建物です。

この温泉はとにかく泉質が素晴らしいです。青く濁った湯から透明の湯まで合計5種類の泉質を持っています。具体的には、①硫酸塩泉、②マグネシウム―硫酸塩泉（正苦味泉）、③炭酸水素塩泉、④ナトリウム―硫酸塩泉（芒硝泉）、⑤ナトリウム・カルシウム―塩化物・炭酸水素塩・硫酸塩泉です。

特に、浴槽が最も小さい「目の湯」（ナトリウム・カルシウム―塩化物・炭酸水素塩・硫酸塩泉）が好きです。

ぬるめの源泉をそのまま引いているので、長い時間入っていられます。飲むと甘みのあるミネラルを豊富に含んだおいしい良泉であることが直ちに分かります。

北海道白老郡白老町虎杖浜2－4

北海道

虎杖浜(こじょうはま)温泉
民宿500マイル

やや黄色がかった含硫黄ナトリウム―塩化物泉が2つの内風呂と1つの露天風呂にかけ流されています。道路向こうの源泉を引いていて、ご近所も床暖房等に使用しているとのことです。ここの温泉は、金属臭がして、ヌルヌル感がかなりあります。温泉成分表は簡単なものしかなく、詳細は分かりませんが、このヌルヌル感はかなりのものです（令和6年11月末閉業）。

また、露天風呂の風情と眺望は素晴らしいし、内風呂の1つは水を入れることができるので、ぬるめの温泉を楽しむことができます。

登別温泉から車で15分くらいです。宿泊代は1万円を切るくらいで、料理も美味しいです。近くにコンビニがあり、お酒も持ち込めます。

北海道

上(かみ)の湯(ゆ)温泉　銀婚湯

北海道二海郡八雲町上ノ湯199

やや油臭がして、すべすべ感のあるナトリウム―塩化物・硫酸塩泉です。敷地内の5つの源泉を上手く使っています。

内風呂と露天風呂のほか、4か所の趣向を凝らした貸

切露天風呂があり、泉質の良い温泉が心いくまで楽しめます。

料理のレベルも高く、万人受けする温泉です。

宮城県

作並（さくなみ）温泉　岩松旅館

宮城県仙台市青葉区作並温泉元湯

階段を下っていくと、渓流沿いに露天風呂が現われます。浴槽は4つで、良質のナトリウム・カルシウム―硫酸塩・塩化物泉がかけ流されています。周囲の景色と一体になって、絵になるような美しい露店風呂です。

泉質は非常に柔らかく、なめらかな感じがして、いつまでも入っていたい本物のかけ流しです。

露天風呂の見事さと泉質ともてなしの良さが高評価な

旅館です。

宮城県

鳴子(なるこ)温泉　旅館すがわら

宮城県大崎市鳴子温泉字新屋敷5

大浴場と露天風呂、美肌の湯と露天風呂、それ以外に貸切風呂が4つもある温泉重視の宿です。

源泉かけ流しへのこだわりが伝わってくる旅館です。ナトリウム―硫酸塩・塩化物泉は、日によってはきれいな青色になります。メタケイ酸の分量が多いので、肌がツルツルになります。

山形県

湯田川温泉　隼人旅館

山形県鶴岡市湯田川乙56

湯田川温泉は開湯1300年と言われ、歴史の古い温泉地です。源泉かけ流し宣言をしている良い温泉地です。この旅館は見かけはかなり地味です。湯田川温泉自体も静かで地味です。しかし、湯田川温泉は、かけ流しが多い温泉地で、正面の湯、田の湯など共同湯も充実しており、何よりナトリウム・カルシウム―硫酸塩泉の泉質が良いです。

私は、色々な温泉に入っていますが、この湯田川温泉のお湯は絹のような粒子が細かい感じがして肌になじみます。しかも、ぬるめのお湯です。この温泉地にはいく

つかの旅館があるのですが、この隼人旅館が浴槽が小さくて相対的に湯量が多い感じがします。

料理も手造りで、家庭的なもてなしも好印象です。源泉量の多さが泉質の良さにつながるいい例です。

福島県

湯倉（ゆぐら）温泉　鶴亀荘

福島県大沼郡金山町大字本名字上ノ坪1942

茶色に濁ったナトリウム・カルシウム―塩化物・硫酸塩泉が内風呂と只見川を見下ろす露天風呂にかけ流されています。肌に馴染むようなしっとり感のある泉質です。

この旅館は、泉質もさることながら、手作り感満載の料理が素晴らしいです。おそらくコスパ日本一ではないかと思います。あまり宣伝はしていないようですが、リ

ピーターが多いとのことで、なるほどなという感じの旅館です。

福島県

湯岐（ゆじまた）温泉　山形屋旅館

福島県東白川郡塙町大字湯岐字湯岐31

列車本数の少ない水郡線の磐城塙駅から車で15分ほどの所にある秘湯です。

この旅館の岩の湯は、無色透明の清らかな少し硫黄臭のするアルカリ性単純泉が岩から直に湧いています。体に膜が張ったような感じのするツルツル感が素晴らしいです。湯治場的な雰囲気も良いです。

『つげ義春の温泉』にも昔の山形屋旅館が描かれています。いかにもつげ氏の好きそうな鄙びた温泉です。

福島県

二岐（ふたまた）温泉　柏屋旅館

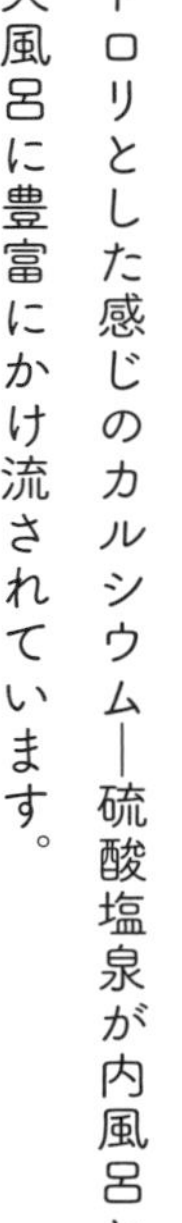

福島県岩瀬郡天栄村二岐温泉

トロリとした感じのカルシウム―硫酸塩泉が内風呂と露天風呂に豊富にかけ流されています。

これだけでも十分なのに、混浴の岩風呂もあり、これはなんと足元湧出です。何か所かの岩の裂け目から適温の源泉が湧出しています。湯口から流れる源泉の量からみてもかなりの湧出量です。ご先祖がツルハシで掘ったところ、源泉が湧いてきたとのことです。

料理も満足できる良い旅館です。

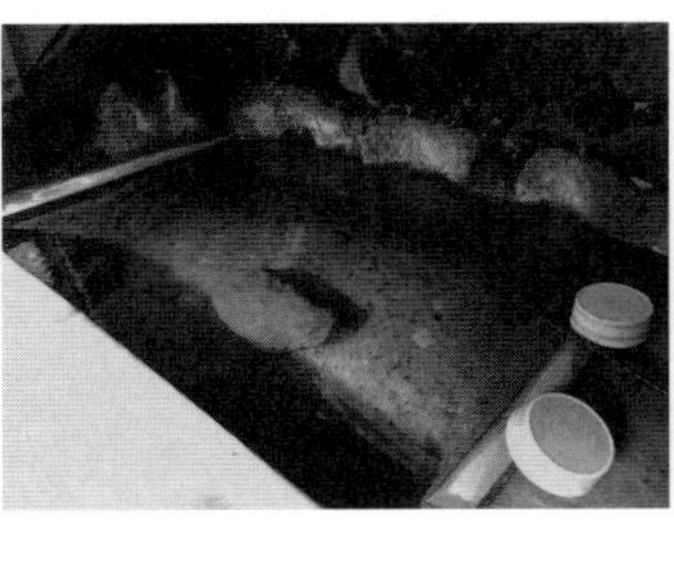

群馬県吾妻郡中之条町四万温泉

群馬県

四万温泉　積善館

四万の病に効くとのことで、蔵々温泉（宮城県）、湯平温泉（大分県）とともに、日本三大胃腸病の温泉と呼ばれています。

昭和5年に建てられた本館は日本最古の木造湯宿建築といわれています。「元禄の湯」は5つの浴槽が大正ロマネクスの雰囲気のままで配置されており、国の登録有形文化財に指定されています。

塩味とカルシウム分をはっきり感じることのできるナトリウム・カルシウム――塩化物・硫酸塩泉の泉質は柔らかく、さらりとした感じで、入っていると非常に幸せな気分になれます。
赤い欄干の橋を渡った瞬間にタイムスリップした感じがするいい温泉です。

群馬県

霧積温泉　金湯館

群馬県安中市松井田町坂本1928

ぬるめで、炭酸をたくさん含んだカルシウム—硫酸塩泉です。浴槽に入った瞬間、身体が泡に包まれるようなフワッとした感じがする非常に良い泉質です。

最寄りの横川駅から山に向かって車で40分ほどの秘湯です。分湯していた旅館が廃業して、現在はその分の源泉も使用しているので、以前よりも源泉量が増えて泉質がよくなっています。

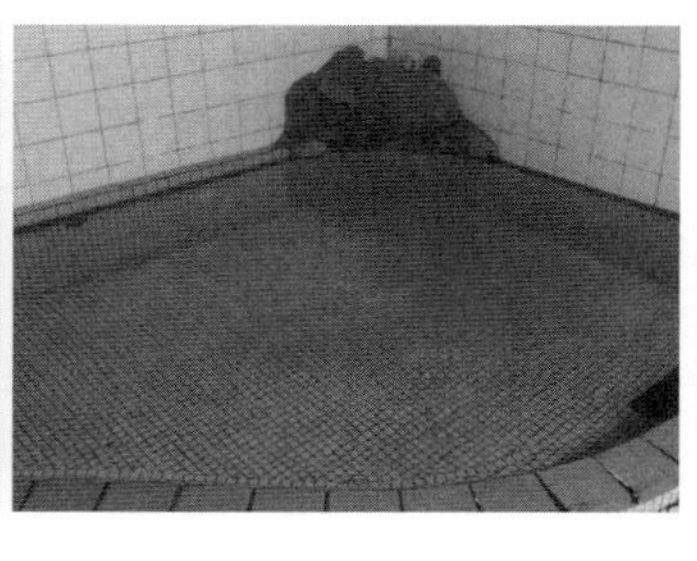

それにしても、よくこんな山の中にこのような立派な建物を建てられたものだと思います。

栃木県

大丸(おおまる)温泉旅館

栃木県那須郡那須町湯本269

おおまると読み、福岡県二日市温泉の大丸(だいまる)別荘と読み方が異なります。北温泉の少し奥に入った温泉です。建物はかなり立派です。

この温泉の露天風呂はすごいです。小さな滝と川が温泉になっていて、ビジュアル的にかなりインパクトがあります。泉質は単純泉ですが、少し金属的な温泉臭のする良い泉質で大変まろやかです。

食事も、もてなしも一流で、飲泉も楽しめます。この

温泉の源泉が那須御用邸に引かれているということも十分納得できます。

明治時代に乃木希典将軍ご夫妻が毎年湯治にお越しになられたとのことで、当時の着物や日記などが展示されています。

山梨県

下部温泉　古湯坊　源泉館

山梨県南巨摩郡身延町下部45番地

言わずと知れた武田信玄の隠し湯です。この旅館は、板張りの浴槽の底から源泉が直に湧いています。夕方は少し濁った感じがするのですが、朝一番に入ると透明のきれいな源泉に浸かることができます。

アトピーの人、手術後の人などさまざまな方が湯治に

訪れています。28℃くらいのぬるめの源泉に入って、うとうとしているとついつい1時間ほど経ってしまいます。

後述する足下湧出温泉や冷泉や湯治温泉のジャンルにも入る、総合力の高い温泉です。

長野県
渋温泉　金具屋

長野県下高井郡山ノ内町平穏2202

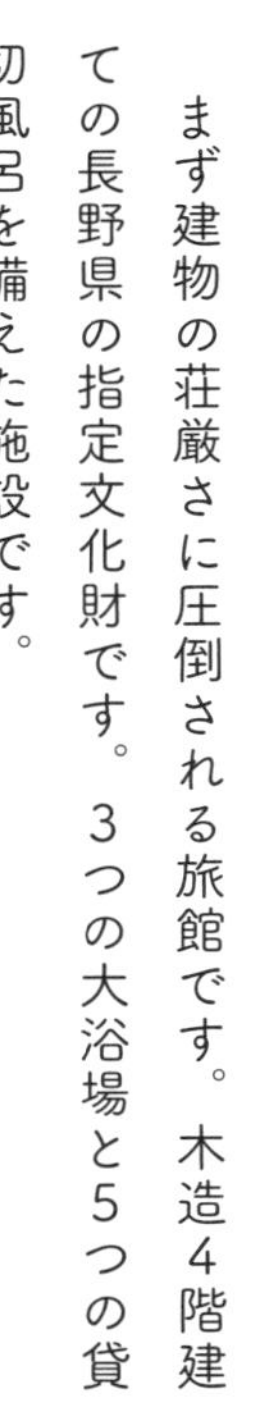

まず建物の荘厳さに圧倒される旅館です。木造4階建ての長野県の指定文化財です。3つの大浴場と5つの貸切風呂を備えた施設です。
敷地内から湧く源泉をそのままかけ流しており、泉質は2種類あります。「浪漫風呂」はステンドグラスの中で、自家源泉の茶白色のクリーミィーなぬるめの湯に浸るこ

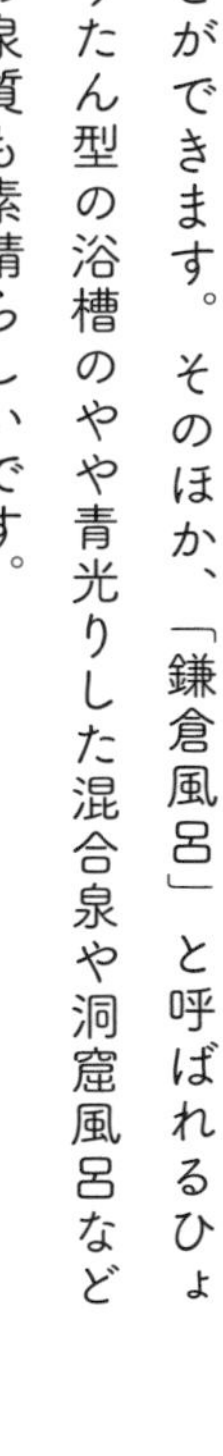

とができます。そのほか、「鎌倉風呂」と呼ばれるひょうたん型の浴槽のやや青光りした混合泉や洞窟風呂などの泉質も素晴らしいです。

夕食前にご主人が館内を案内してくれます。誠実そうな人柄で、事業承継がうまくいっているなと思わせるいい旅館です。

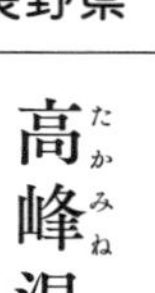

長野県

高峰（たかみね）温泉

長野県小諸市菱平704－1高峰高原

1階と2階の内風呂のほか、露天風呂があります。特に、硫黄分と二酸化炭素を含んだ1階の薄く白濁した炭酸水素塩泉の源泉浴槽が素晴らしいです。ぬるめで泡付きの良い温泉なので、長湯ができ、温泉の成分が体に染

み込んでいく感じがします。

露天風呂も開放感があり、爽快です。

料理ももてなしもかなりレベルが高く、コスパの良い旅館です。

新潟県

燕温泉　花文

新潟県妙高市燕温泉

薄白濁の含硫黄―カルシウム・ナトリウム・マグネシウム―炭酸水素塩・硫酸塩・塩化物泉の泉質が素晴らしいです。甘苦味があり、芳ばしい金属臭がします。湯量も多いです。

料理も手作りの創意工夫を凝らしたもので、コスパの良い旅館です。

新潟県

駒の湯温泉　駒の湯山荘

新潟県魚沼市大湯温泉719－1

内湯のほか、川沿いの露天風呂と玄関右手奥の露天風呂がありますが、川沿いの露天風呂は源泉を引くホースから源泉が噴出していて、かなりワイルドです。

この温泉の特徴は泉質と湯量とぬるさです。炭酸をたくさん含んだぬるめのアルカリ性単純泉が大量にかけ流されていて、爽快感があります。小1時間くらいは長湯ができるくらいの程よい温度の温泉で、ロケーションも素晴らしいです。

料理も地元の素材を生かしていて、大変美味しいです。

冬場はお休みになります。心身共にリフレッシュする

にはかなりお勧めの温泉です。

静岡県

網代（あじろ）温泉　平鶴

静岡県熱海市下多賀493

網代温泉は伊東温泉ほどは温泉旅館が多くないものの、体にしっとりまとわりつくような感じのする良質な塩化物泉がかけ流されている良い温泉地です。

特に、露天風呂が素晴らしいです。約1メートルくらいの深さがあり、中腰で肩まで浸かれます。眼前には、伊豆の海が開けており、波音と波しぶきを実感できます。

岐阜県

新平湯温泉　旅館藤屋

岐阜県高山市奥飛騨温泉郷一重ヶ根1757－1

ほどよい熱さの浴槽と、ぬるめの浴槽があります。どちらも肌に優しい感じの無色透明のナトリウム—炭酸水素塩泉のかけ流しで、特にぬるめの小さい方の浴槽が素晴らしいです。ひとりで入るとちょうどいい大きさで、旭岳温泉湧駒荘「目の湯」と同じような感じです。1時間くらいは楽に入れるぬるめのかけ流しです。浴槽の木の香りと炭酸水素塩素の香りが妙にマッチして、何とも言えない至福の幸せが味わえる浴槽です。

奥飛騨温泉郷は、平湯、新平湯、福地、栃尾、新穂高から成る温泉地で、かけ流しの割合が高い良い温泉地で

す。山々が迫ってきて、川もきれいで、風光明媚です。

奈良県

湯泉地温泉　やど湯の里

奈良県吉野郡十津川村武蔵846

十津川温泉郷は、日本で初めて源泉かけ流し宣言をした温泉地で、十津川温泉、温泉地温泉、上湯温泉はいずれもかけ流しの温泉で、全体的にレベルが高いです。

関西にありながら、交通がかなり不便な所にあります。硫黄泉ということになっていますが、あまり硫黄臭くはなく、お湯はとろ味があり、肌がすべすべになります。

ちなみに、秋篠宮皇嗣殿下と紀子様が大学生のときに、ご学友とお泊まりになられたとのことです。

和歌山県

白浜温泉　柳屋

和歌山県西牟婁郡白浜町1870

外見はマンション風ですが、薄濁りのナトリウム―塩化物泉のかけ流しが素晴らしいホテルです。いろいろな温泉成分を含んだ濃い行幸（みゆき）源泉を浴槽の外からかけ流して、縁を流れて浴槽に注ぎ込むようにして上手く温度調整しています。

加水や加温とは全く無縁で、源泉を大切にして泉質にかなりこだわった姿勢が伝わってくる旅館です。

岡山県

奥津温泉　奥津荘

岡山県苫田郡鏡野町奥津48

津山藩主が鍵をかけて入浴したという「鍵湯」が素晴らしいです。

一年を通して温度が丁度良くて、まさに「奇跡の湯」というにふさわしい温泉です。

吉井川の自然の川底をそのまま生かした浴槽の岩のいたるところから、とろみのあるアルカリ性単純泉が湧き出ています。

鍵湯のほか、立ったまま入浴できる立湯と貸切風呂もあります。

地元の食材を生かした料理もなかなかのレベルです。

鳥取県

岩井（いわい）温泉　岩井屋

鳥取県岩美郡岩美町岩井544

鳥取駅から東へ約20分の岩美駅からさらに車で約10分の場所にあります。岩井温泉は「湯かむり」という頭にタオルを乗せてお湯をかけるという温泉の掛け方が有名ですが、私はのぼせるので、やりません。

アルカリ性単純泉が浴槽の底から自然湧出しており、これには感動します。肌に優しいシルクのような感触の足元湧出の温泉です。

ボコッという感じの泡を含んだ湯の固まりが湯底から湧き出してきて、表面ではじけます。それを見ているだけで何か荘厳な気分になれます。

鳥取県

三朝(みささ)温泉　木屋旅館

鳥取県東伯郡三朝町三朝895

三朝温泉は、高濃度のラドン（放射線元素ラジウムが崩壊してできる気体）を含む世界有数のラジウム泉で有名です。

この旅館は、足元湧出で、温度も水位も日によって異なります。ラジウム温泉の足元湧出は大変貴重です。

ラドンは、呼吸や飲泉で体内に入ると、血液を巡り全身の細胞を刺激して働きを活性化させます。その結果、新陳代謝を促進し、免疫力や治癒力を高める手助けをしてくれたり、体のコリや痛みも軽減されるホルミシス効果があるといわれています。

地下の温泉サウナもなかなか味があります。ラドンがいかにも効きそうです。

福岡県

原鶴（はらづる）温泉　延命館

福岡県朝倉市杷木志波15－2

内風呂と露天風呂が男女1つずつで、浴槽もシンプルな造りですが、少し茶色がかった、ぬるめのアルカリ性単純泉の泉質はかなりいいです。

肌にたくさん気泡がついて、細かく柔らかい粒子に体が包まれるような独特の感じがします。病み付きになるくらいで、少しでも長く入っていたいと思うような泉質です。肌の美白効果もあるとのことです。

料理も創作系でなかなか美味しいです。リピーターが

多いとのことですが、うなずけます。

大分県

別府鉄輪温泉　黒田や

大分県別府市鉄輪御幸3組

別府温泉の鉄輪は、湯量と湯けむりからみて日本最大の温泉地かもしれません。

黒田やは、その鉄輪の中にあって、泉質、食事、サービスのいずれもレベルが高い旅館です。

泉質は、体にまとわりつくような濃い、少しヌルヌル感のある鉄輪独特のナトリウム―塩化物泉です。温泉レベルの高い鉄輪の中でも、この旅館の源泉かけ流しは素晴らしいのひと言に尽きます。

熊本県

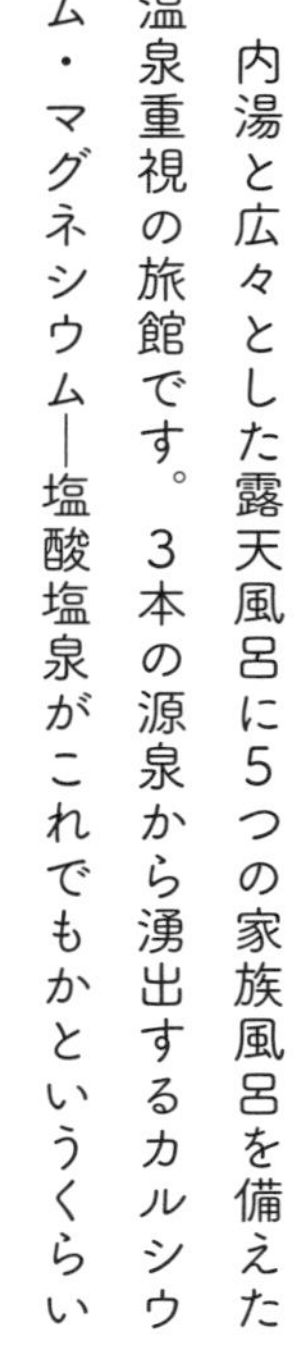

阿蘇内牧温泉（あそうちまき） 湯の宿 入船

熊本県阿蘇市小里834－2

内湯と広々とした露天風呂に5つの家族風呂を備えた温泉重視の旅館です。３本の源泉から湧出するカルシウム・マグネシウム―塩酸塩泉がこれでもかというくらいかけ流されています。

家族風呂はいろいろ趣向が凝らされています。

もてなしも料理もかなりレベルが高く、コスパの良い旅館です。

熊本県

人吉（ひとよし）温泉　翠嵐楼

熊本県人吉市温泉町2461－1

この旅館の源泉は、人吉温泉で最も古いといわれています。人吉市は駅に趣きがあり、街中も古き城下町の良さを残していて、歩いていてどこか楽しい街です。

源泉と浴槽は全部で3つずつありますが、人吉温泉発祥の第1号源泉の石造りの浴槽が秀逸です。飲泉もできて、総合力の高い温泉です。

泉質はややコーヒー色がかったナトリウム―炭酸水素・硫酸塩泉で、柔らかいつるつるのお湯です。

料理は四季の恵みを生かした料理で大変美味しいです。特に、源泉を凍らせた氷玉で、地元の球磨焼酎を飲むの

が最高です。

鹿児島県

紫尾温泉　旅籠 しび荘

鹿児島県薩摩郡さつま町紫尾２１６８

紫尾温泉は紫尾神社の境内から湧出しているため、「神の湯」とも呼ばれています。

しび荘には自噴する源泉もあります。いずれも硫黄泉ですが、神の湯の方はあつめでピリッとした感じがします。自家源泉は、細長い浴槽で、ぬるめで緑色がかっていて、かなりヌルヌル感があります。この泉質の異なる２つの浴槽に交互に入るのは、大変幸せなことです。料理も美味しく、コスパの良い旅館です。

鹿児島県

湯川内温泉　かじか荘

鹿児島県出水市武本2060

山里の中の秘湯です。6月はかじかの鳴き声に包み込まれ、8月はひぐらしが夕方だけでなく、夜明けにも鳴き、起こされます。自然に満ち溢れた環境の中で青光りしたアルカリ性単純泉が2か所の浴槽で湧出している足元湧出泉です。

明治維新まで島津家御用達の温泉として利用された奥深い山あいの温泉です。明治以降に、一般市民が利用できるようになったそうです。

浴槽は岩盤をくりぬいたもので、砂利の隙間から、透明度の高い湯が湧き出ています。温度はぬるめなので長

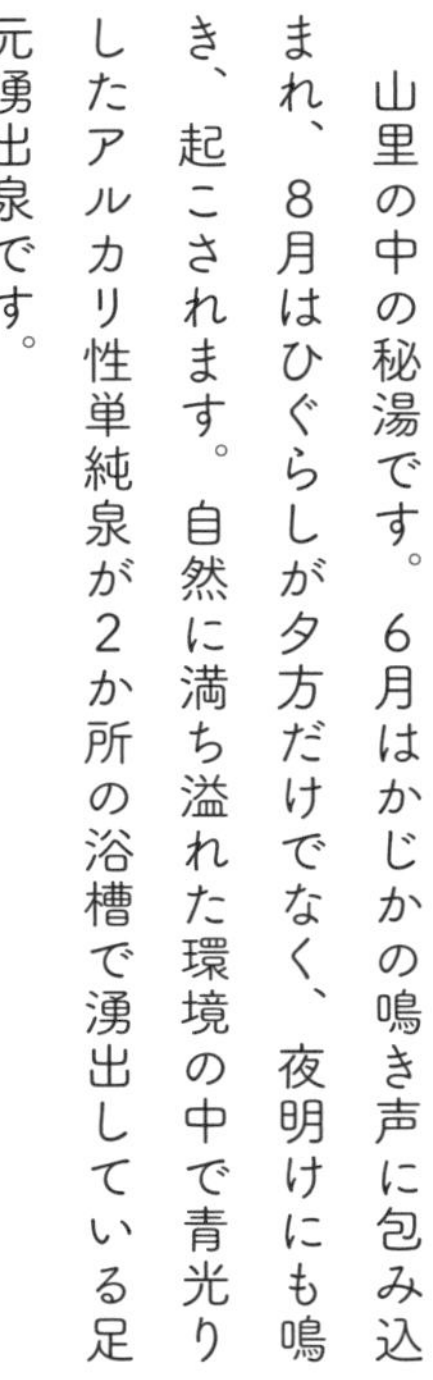

湯ができます。
眠くなるくらい体と源泉が一体になるような感じの温泉です。

番外1

青森県

みちのく深沢(ふかざわ)温泉

青森県青森市駒込字深沢650

一泊二食7000円〜の老夫婦が経営する秘湯の一軒宿です。少し建物が古い感じはしますが、ゴムが焦げたような臭いがして、少し青く濁って肌にしっとりくるカルシウム・ナトリウム—硫酸塩・塩化物泉の泉質が素晴らしいです。

これほど長く入れて、満足できる温泉は珍しいです。飲泉も美味しい。いつまでも残っていてほしい旅館です。

番外2

福島県

東山（ひがしやま）温泉　向瀧

福島県会津若松市東山町大字湯本字川向200

旅館の建物は、重厚感のある立派な木造です。向瀧という大きな字が書かれていて、この字を見ると「また来れたな」と感動を覚えます。高級旅館で、皇族方も小泉純一郎元総理も宿泊されたとのことです。

無色透明の単純泉ですが、お湯が注がれている湯口には、源泉のカルシウム成分が白く付着しており、泉質の良さを実感することができます。浴槽は熱めの「きつねの湯」と、ぬるめの「さるの湯」と、家族風呂の3種類がありますが、露天風呂はありません。

お湯は柔らかで滑らかで、言葉でうまく表現できませ

んが、本当に気持ちがいい泉質です。長く入っていても飽きがこない、浴槽を出るときにはもう少し入っていたいと思えるような良い温泉です。

この旅館を後にするときは、手の空いた職員がお客の姿が見えなくなるまで、総出で見送ってくれます。

番外3

長野県

湯田中温泉　よろづや

長野県下高井郡山ノ内町平穏3137

木造建築の粋を集めた温泉旅館です。

重厚な内湯の楕円形の浴槽と、野天風呂の見た目のインパクトはかなり高いと思います。

この浴槽は昭和27年から29年にかけて造られたもののことで、ただただ立派としか言いようがありません。

当時、銀行が融資してくれなかったので、先祖代々の書画骨董を売却して資金を捻出したとのことです。

泉質はナトリウム―塩化物泉で、肌に優しく柔らかい感じの温泉です。高級旅館なので、あえて番外にしていますが、泊まる価値が十分にあります。

番外4

愛媛県

奥道後温泉　壱湯の守

愛媛県松山市末町267

リニューアルされてとても綺麗になっていますが、個人的には前のジャングル風呂の方が好きでした。

それでも四国では珍しいアルカリ性単純硫黄泉の泉質が素晴らしいことは変わりありません。リニューアル前は、源泉を暖めずにそのまま25℃くらいでかけ流してい

一般の浴槽

た浴槽があったのですが、それがなくなってしまって、すべて加温してしまっているのが本当に残念です。冷泉の源泉風呂の復活を切にお願いしたいです。

貸切風呂では、源泉の湯量も多く、お水を足すことができて、ぬるめの温泉に入ることができます。

ちなみに、このホテルは、私が一番多く泊まっているところです。

貸切風呂

4　湧出量は重要

源泉の湧出量

温泉に関しては、毎年出される環境省の「温泉利用状況報告」が参考になります。平成29年度の都道府県ごとの湧出量、宿泊施設数、宿泊利用者数の上位5者を挙げてみると、次のようになります。

おすすめ温泉はどこかということに関しては、やはり温泉の湧出量等は重要です。

項目	区分	順位	数値
源泉総数		①大分県	4,418
		②鹿児島県	2,753
		③静岡県	2,249
		④北海道	2,139
		⑤熊本県	1,346
		合計	27,297
湧出量（L／分）	［自噴］	①大分県	119,361
		②岩手県	67,399
		③鹿児島県	58,424
		④北海道	50,622
		⑤長野県	44,198
		小計	679,732
	［動力］	①大分県	160,188
		②北海道	150,433
		③青森県	132,483
		④静岡県	108,573
		⑤熊本県	106,107
		小計	1,867,081
		合計	2,546,813
温泉地数		①北海道	244
		②長野県	215
		③新潟県	145
		④福島県	136
		⑤青森県	129
		合計	2,983
宿泊施設数		①静岡県	1,887
		②長野県	1,136
		③大分県	824
		④北海道	629
		⑤群馬県	586
		合計	12,860
年度延宿泊利用人員千人		①北海道	12,532
		②静岡県	11,177
		③長野県	7,609
		④神奈川県	6,028
		⑤群馬県	5,980
		合計	130,568

（環境省　平成２９年度温泉利用状況から引用）

自噴と動力

表によると、自噴の場合は680千リットル/分であるのに対し、動力揚湯は1867千リットル/分となっており、自噴率は26・7%です。

草津温泉（群馬県）の湯畑、毎分9千リットル湧出の玉川温泉（秋田県）の大噴(おおぶけ)、野沢温泉（長野県）の麻釜(おがま)など自然湧出の源泉は、まさに地球の恵みです。

自噴の湧出量が多い大分県、岩手県、鹿児島県、北海道、長野県などの温泉は、当然のことながらお勧めということになります。

大分県の温泉パワー

温泉利用状況報告で分かるのは、やはり別府温泉等を有する大分県の源泉数、湧出量が他を圧しているということです。実際、日本全国の温泉地に足を運んで温泉情緒の代名詞ともいうべき湯けむりを見ることができるのは、この別府温泉のほかは、登別温泉（北海道）、鳴子温泉（宮城県）、草津温泉（群馬県）、野沢温泉（長野県）、箱根温泉（神奈川県）、伊東温泉（静岡県）、小浜温泉、雲仙温泉（長崎県）、黒川温泉（熊本県）、霧島温泉、指宿温泉（鹿児島県）などと限られています。

実際、別府温泉の鉄輪（かんなわ）などの温泉力は力強いですね。

5　塩素殺菌の状況

3つのパターンとは

都道府県は、いわゆる公衆浴場条例を定めています。これは、公衆浴場法に基づき、公衆浴場の設置場所の配置及び入浴者の衛生及び風紀に必要な措置の基準について定める条例です。

全国47都道府県の公衆浴場法施行条例及び同規制等を調査したところ、塩素殺菌に関しては、次の3つのパターンがあると考えられます。

A　循環風呂のみに塩素殺菌を義務付けるもの…13自治体

B　塩素殺菌の規定がないもの…15自治体

C　かけ流し・循環風呂を問わず、塩素殺菌を義務付けるもの

C―1　例外有りで義務付けるもの…17自治体

（温水の性質等により塩素系薬剤を使用することができない場合で、知事が適当と

認めるときなどの例外を認めるもの）

C―2　適切な消毒ということで事実上塩素殺菌を義務付けるもの…2自治体

この調査の結果、Cのかけ流し・循環風呂を問わず塩素殺菌強制型は、47都道府県中19自治体にすぎず、Aは47道府県中13自治体となっており、Bは47都道府県中の15自治体で、AとBを合わせると28自治体となります。

逆に言えば、塩素殺菌をしないと本当に危険というのであれば、全国一律に法律または条例で塩素殺菌が強制されているはずなのに、塩素殺菌を事実上強制している19自治体とそうでない28自治体に分かれているのです。以上からも、塩素殺菌を一律に強制する合理性と必然性はないと言わざるを得ません。

都道府県ごとの塩素殺菌の状況

都道府県ごとの塩素殺菌の状況は、次のとおりです。

源泉かけ流しについて塩素殺菌を強制しない点で妥当と考えられるA、Bを白、源泉かけ流しについて塩素殺菌を原則強制する点で妥当でないCをグレーで色分けする

都道府県ごとの塩素殺菌の状況

都道府県	パターン	備考（数値は温泉水１ｌ中の残留塩素量）
北海道	B	塩素殺菌の規定なし
青森県	B	塩素殺菌の規定なし
岩手県	B	塩素殺菌の規定なし
秋田県	B	塩素殺菌の規定なし
山形県	A	循環は塩素殺菌義務、塩素殺菌は浴槽水１kg 中０．２㎎～０．４㎎
宮城県	C－１	例外有りの塩素殺菌義務、０．２㎎以上
福島県	B	塩素殺菌の規定なし
茨城県	C－２	浴槽水は塩素消毒その他適切な消毒を行うこと
栃木県	C－１	例外有りの塩素殺菌義務、０．２㎎～０．４㎎　最大１㎎
群馬県	B	塩素殺菌の規定なし
埼玉県	A	循環は塩素殺菌義務、数値なし
東京都	A	循環は塩素殺菌義務、０．４㎎以上
千葉県	B	塩素殺菌の規定なし
神奈川県	C－１	例外有りの塩素殺菌義務、０．２㎎以上
新潟県	B	塩素殺菌の規定なし
長野県	C－１	例外有りの塩素殺菌義務、０．２㎎～０．４㎎
山梨県	B	塩素殺菌の規定なし
静岡県	A	循環は塩素殺菌義務、０．２㎎以上
愛知県	C－１	例外有りの塩素殺菌義務、０．２㎎以上
岐阜県	B	塩素殺菌の規定なし
富山県	B	塩素殺菌の規定なし
石川県	B	塩素殺菌の規定なし
福井県	A	循環は塩素殺菌義務、数値なし
三重県	B	塩素殺菌の規定なし
滋賀県	A	循環は塩素殺菌義務、０．２mg 以上
京都府	B	塩素殺菌の規定なし
奈良県	C－１	例外有りの塩素殺菌義務、０．２㎎～０．４㎎
大阪府	C－１	例外有りの塩素殺菌義務、０．４㎎以上
兵庫県	A	循環は塩素殺菌義務、０．２㎎以上
和歌山県	A	循環は塩素殺菌義務、０．２㎎～０．４㎎
岡山県	A	循環は塩素殺菌義務、０．２㎎～０．４㎎
広島県	C－１	例外有りの塩素殺菌義務、０．２㎎～１㎎
山口県	C－１	例外有りの塩素殺菌義務、数値なし
鳥取県	C－１	例外有りの塩素殺菌義務、０．２㎎～０．４㎎
島根県	A	循環は塩素殺菌義務、０．２㎎～０．４㎎
愛媛県	C－１	例外有りの塩素殺菌義務、０．２㎎～０．４㎎　最大１㎎
香川県	C－１	例外有りの塩素殺菌義務、数値なし
高知県	C－１	例外有りの塩素殺菌義務、０．２㎎～０．４㎎　最大１㎎
徳島県	C－２	必要に応じて消毒その他適切な方法により管理を行うこと
福岡県	A	循環は塩素殺菌義務、０．２㎎以上
佐賀県	B	塩素殺菌の規定なし
長崎県	C－１	例外有りの塩素殺菌義務、０．２㎎～１㎎
大分県	A	循環は塩素殺菌義務、０．２㎎～０．４㎎
熊本県	A	循環は塩素殺菌義務、０．２㎎～０．４㎎
宮崎県	C－１	例外有りの塩素殺菌義務、０．２㎎～１㎎
鹿児島県	C－１	例外有りの塩素殺菌義務、０．２㎎～０．４㎎
沖縄県	C－１	例外有りの塩素殺菌義務、０．２㎎～０．４㎎

と、分かりやすいです。おおむね、温泉力の弱いところがCのパターンになるような傾向があります。

かけ流し、循環風呂を問わず塩素殺菌を義務付けるパターン

Cは、源泉かけ流しまで塩素殺菌を義務付ける点で全く不当としか言いようがありません。

もっとも、温泉の性質等により塩素殺菌を使用することが出来ない場合で、知事が適当と認めたときは、塩素殺菌をしなくてもいいなどといった例外を設けているものが大部分ですが、例外はあくまでも例外であって、知事が塩素殺菌しなくてもいいと認めてくれるかどうかが不明な点で、事実上塩素殺菌が強制されるリスクは高いと考えられます。

この中には、何と、栃木県、長野県、神奈川県、奈良県、鳥取県、長崎県、鹿児島県など源泉かけ流しが多いところが含まれていることに驚かされます。一体何を考えていらっしゃるのでしょうか。早急に条例を改正していただきたいと思います。

私は、以前、任意で抽出した温泉旅館に対してアンケートをしたことがあります。そうしたところ、保健所から循環風呂にしてはどうかとか、かけ流しであっても塩素殺菌してはどうかという指導を受けることがよくあり、大変苦悩しているとの回答が

かなりありました。

しかし、塩素殺菌を行わなければならないのは、循環風呂と湯量の極めて少ないかけ流しであって、通常のかけ流しについては塩素殺菌は不要です。

良好な源泉かけ流しを提供している温泉旅館経営者は、保健所のこのような不当な、というか愚かな行政指導には決して従うべきではなく、はねつけていただきたいと思います。

第4章

ジャンル別 おすすめ温泉

1　五大共同湯

以下の温泉地は、いずれも地元の方により管理されている共同湯で、泉質が微妙に異なる風情ある共同湯巡りが楽しめます。特に、野沢温泉と渋温泉は、歩いて泉質の異なる共同湯巡りを楽しめるという点で秀逸です。日本の温泉文化の代表といっても過言ではありません。

共同湯といっても観光客用ではなく、地域の住民の方々が疲れを癒やしに来る共同湯がいいです。

1 福島県 飯坂温泉

鯖湖湯、波来湯、切湯、導専の湯、仙気の湯、天王寺穴原湯など9つの共同湯があります。それぞれの湯で、pHとか源泉温度が少し異なりますが、大体が熱いです。単純温泉ですが、スベスベ感、しっとり感はさすがという感じです。いずれも定休日を除いて、朝6時から夜10

時まで営業しています。ここの共同湯の特徴は、地元の方がたくさん入っていらっしゃることで、「熱いですね」と声を掛ければ大抵話がはずみます。また、料金も波来湯の300円以外はすべて200円というのも大変有難いことです。

鯖湖湯は、日本最古の木造建築共同湯場だったものを平成5年に立て替えたものです。浴室と浴場が一体となっていて、なかなか趣があります。

鯖湖湯

切湯

2

長野県

野沢（のざわ）温泉

滝の湯

野沢温泉の13の共同湯は、野沢組という共同体により所有されています。そして、個々の共同湯の管理（掃除等）は湯仲間という地域の自治組織によりなされています。

料金箱に感謝の気持ちを込めて、お金を入れるだけで鍵もかかっていません。

白濁した硫黄泉からエメラルドグリーンの湯まで泉質が豊富です。源泉が熱すぎる所もあるので、温度を確かめてから入らないと大火傷をするかもしれません。これがまさに源泉です。

13の共同湯の全部に入ると、本当にぐったりします。そこそこの距離を歩くことになりますし、何より温泉が強力ですから。共同湯の中には、熊の手洗いの湯とか十王堂の湯などといった名前からしてインパクトのある共同湯もあります。

3

長野県

渋温泉

渋温泉の旅館に宿泊すると、共同湯の鍵を貸してくれて、合計９つの温泉に無料で入浴できます。

９つの湯は、苦（九）を流すという意味があります。番外に、信玄釜風呂もあります。共同湯に入って、所定の手拭いに、それぞれの共同湯のスタンプを押した後、石階段を上って温泉神社に参拝して、スタンプを押すと、満願成就という御利益があります。

泉質は濁り湯から透明湯までさまざまです。石畳の道を歩いて共同湯めぐりをじっ

大湯

河原湯

くり楽しめます。野沢温泉よりもコンパクトな距離感です。

私は、渋温泉や野沢温泉に泊まるときは、お昼前には着くようにしています。お昼前から共同湯に入れますし、それくらい時間の余裕がないともったいないです。そして、それぞれ泉質の異なる９つの共同湯に全部入って欲しいと思います。九番目のトリの大湯は緑茶色に濁っており、なかなか入りごたえがある良い泉質です。９つの共同湯に全部入ると本当に疲れますが、その疲れこそが本物のかけ流しの醍醐味です。

六番　目洗いの湯

九番　大湯

4

群馬県

草津(くさつ)温泉

湯畑の近くの白濁した白旗の湯だけでなく、透明な酸性泉の千代の湯、地蔵の湯、煮川の湯、瑠璃の湯などの共同湯があちこち散らばっています。

旅館の温泉と併せて、本物のかけ流しが心ゆくまで楽しめます。

観光客向けの共同湯と地元の人が入る共同湯があり、後者は入浴時間が限られています。鍵はかかっておらず、一部を除いてほとんどが無料です。誠に有難いことです。

湯畑

煮川の湯

白旗の湯

大分県

別府（べっぷ）温泉

別府八湯（別府、観海寺、浜脇、堀田、明礬、鉄輪、亀川、柴石）の中には、さまざまな共同湯があります。

管理人がいたり、いなかったり、100円で入れる共同湯や鄙びた共同湯もたくさんあります。

別府八湯の中には、日帰り入浴も含めると、競輪場の中の温泉、劇場の中の温泉、お寺の中の温泉、砂むし湯、薬草のむし湯、泥湯、喫茶店の温泉等、個性豊かな温泉がひしめいています。

また、単純泉から、ナトリウム—炭酸水素塩泉、ナトリウム—塩化物泉など実にさまざまな泉質の温泉があります。

地元の方と語らいながら、いろんな泉質を楽しめます。

別府温泉　市の原温泉

別府温泉　幸温泉

別府温泉　七ツ石温泉

明礬温泉　鶴寿泉

浜脇温泉　住吉温泉

亀川筋湯温泉

鉄輪温泉　谷の湯

このほか、角間（かくま）温泉（長野県）、白浜温泉（和歌山県）、湯平（ゆのひら）温泉（大分県）なども複数の共同湯がある良い温泉地です。

2　七大足元湧出温泉

いい温泉ってどういう温泉ですか？　と、私は人からよく聞かれます。そのとき、私は、「それは足元湧出の温泉ですよ」と答えることにしています。

というのは、足元湧出温泉は、人工掘削をしておらず、大地から自然に湧いていて、純度も鮮度も１００％の温泉だからです。

要するに、源泉の湧いている所に浴槽を作っているわけで、温度もちょうどいいのですから、まさに自然の恵みです。このような温泉は非常に少ないし、大変貴重です。

そして、足元湧出の温泉に入ると、成分の濃さと良さのため、本当に癒されますし、疲れます。源泉の成分が体に浸み込んで、本当に効いているなと実感できる温泉です。

北海道

丸駒(まるこま)温泉旅館

北海道千歳市幌美内7番地

丸駒温泉の泉質は、海水の成分に似た塩化物泉で、塩分を含んでいます。入浴後、肌に付着した塩分が汗の蒸発を防ぐため、保温効果は抜群です。

露天風呂は、約50℃の源泉が砂地から足元湧出となっています。

温度は、天候や季節等に合わせ、湖に繋がる水門に敷いた砂利の高さで湯温を調整しているそうです。

2

北海道

然別峡（しかりべつきょう）かんの温泉

北海道河東郡鹿追町字然別国有林145林班

菅野（かんの）温泉は、開湯100年の歴史を持ち、「菅野の湯で治らない病気はない」と昔から伝わるほど泉質がいいと言われています。

アイヌ語で「宝物が湧き上がる」という意味のイコロ・ボッカという湯は足元湧出の半露天風呂で、大変素晴らしいです。

本当の山の中の一軒宿で、夜ひとりで露天風呂に入っていると恐いくらいの静けさで、空には無数の星が散りばめられています。

冬場も営業しており、冬場は宿でエゾ鹿を「餌付け」

しており、露天風呂からはエゾ鹿が見えるという旅館です。

突然の廃業後、約6年閉鎖されていましたが、見事復活してくれました。素晴らしい足元湧出の浴槽とナトリウム―塩化物・炭酸水素塩温泉の泉質はそのまま残されています。

3

青森県

蔦温泉

青森県十和田市奥瀬字蔦野湯1

明治の文人、大町桂月がこよなく愛した温泉です。酸性硫黄泉で有名な酸ヶ湯温泉の近くですが、ここは無色透明の柔らかいナトリウム・カルシウム―硫酸塩・炭酸水素塩・塩化物泉が足元から湧いています。

建物の古さが落ち着く感じで、湯治場的な浴槽の雰囲気が素晴らしい温泉です。日頃の疲れを癒やしてくれる温泉です。

4

秋田県

乳頭(にゅうとう)温泉　鶴の湯温泉

秋田県仙北市田沢湖先達沢国有林50

温泉に入るのは、四季の中でいつがいいですか？　とたまに聞かれることがあります。大抵は、若葉薫る初夏か紅葉の秋ということになるのですが、ここはいつ来ても周りの景色と乳白色の温泉のコントラストがきれいで絵になります。個人的には、真っ白な雪の中に青白い硫黄泉が混浴露天に満たされている冬が一番良いかなという感じです。

露天風呂では、ところどころで足元から熱い含硫黄・ナトリウム・カルシウム塩化物・炭酸水素泉が湧出しており、温泉は大地の恵だなという当たり前のことを実感させてくれます。

湯治場的な本陣風の建物も大変風情があります。

5

福島県

木賊温泉

福島県南会津町宮里字湯坂1986番地

日帰り

なめらかでさらりとした、肌に優しい単純硫黄泉が足元から湧出しています。湯の出口を見ると大量に湯が出ているので、源泉が大量に湧いていることが分かります。川沿いにあり、秘湯感があります。

混浴で、岩を削って造ったような浴槽は、令和元年の

台風19号後、2年がかりで修復されました。

6 山形県

蔵王温泉　かわらや

山形県山形市蔵王温泉43

日帰り

「すのこの湯」と呼ばれ、すのこの下から源泉が湧いており、しかも適温です。鮮度抜群の硫黄泉ですが、あまりピリピリした感じがなく、肌に優しい感じがします。

7 大分県

壁湯温泉　旅館福元屋

大分県玖珠郡九重町大字町田62－1

壁湯温泉は宝泉寺温泉郷のひとつで、今から約300

年前に猟師が傷を癒しにきた鹿を見つけて湯の湧き出しを発見したといわれる温泉です。

ここの特徴は、川べりに突き出したような洞窟状の足元湧出泉です。ミネラルを大量に含んでいて、少しトロッとした感じのアルカリ性単純泉の泉質が非常に良く、レベルの高い足元湧出泉です。浴槽の湯の出口を見ると、かなりの量の湯が湧出していることが分かります。

洞窟の岩壁に空いた横穴と足下の岩の切れ目から温泉が自噴していて湯は透明です。温度はぬるめですが、入っていると体が暖まってきます。

このほか、千原温泉（島根県）も足元湧出の渋い温泉です。

3　新五大美人・美肌湯

戦前の鉄道省のパンフレットに、川中温泉かど半旅館（群馬県）、龍神温泉（和歌山県）、湯の川温泉（島根県）の三湯が挙げられていたことから、これらを日本三大美人湯というそうです。しかし、これらの三大美人湯については、循環風呂が多い温泉地があったり、美人湯と呼ぶにふさわしい特定の温泉成分も十分ではないようなので、少し美人湯の根拠に乏しい感じがします。

また、美肌の湯というものもあるようです。

そもそも美人の湯と美肌の湯の区別も分かりにくいですね。そこで、新たに、美人・美肌湯を選定したいということになるわけですが、肌がきめ細かくしっとり、ツルツルということになると、温泉の成分としては、保温効果に優れ、セラミドを整える効果の高いメタケイ酸を多く含む温泉が美肌の湯ということになります。

また、アルカリ泉や炭酸水素塩泉の中で、単にアルカリ度が高いとか炭酸水素イオンの量が多いだけでなく、体感的にヌルヌル、ツルツル感があって、肌にしっとり感と潤いをもたらす源泉かけ流しの温泉が美人・美肌湯ということになると思います。

以下の温泉は、私が選んだ新五大美人・美肌の湯です。

宮城県

中山平温泉(なかやまだいら)　しんとろの湯

宮城県大崎市鳴子温泉字星沼18－9

日帰り

この温泉は入った瞬間、皮膚に膜が張ったような何とも言えない気持ちになります。

含硫黄―ナトリウム―炭酸水素塩・塩化物泉で、pHは9・3のアルカリ性です。メタケイ酸が何と754・0㎎/㎏で、これはかなり高い数値です。

一般的にメタケイ酸の含有量が50㎎以上なら美肌に有効とされ、100㎎以上ならかなりの美肌効果があると

言われています。

ちなみに、別府鉄輪温泉では、メタケイ酸の含有量が600㎎/㎏を超える所がいくつかあるのですが、ツルツルすべすべ感はさほどないように感じます。メタケイ酸の含有量は他の温泉成分とともに、美人の湯のひとつのファクターであると考えていただければと思います。

2 佐賀県

熊（くま）の川（かわ）温泉　熊ノ川浴場

日帰り

佐賀県佐賀市富士町上熊川118

PH9・5のアルカリ性単純泉ですが、さまざまなミネラルを含むと思われるヌルヌル感のある泉質の良い温泉です。

温泉に入るとすぐに体に細かな気泡がついて、体中が

包まれる感じがします。ぬるめの源泉にゆっくり浸かると、いかにも美人、美肌になれそうです。

大分県

湯布院温泉　束ノ間（旧 庄屋の館）

大分県由布市湯布院町川上444－3

ナトリウム・塩化物泉です。

湯布院温泉は無色無臭の比較的地味な単純泉のイメージが強いのですが、この旅館は少し趣が異なります。コバルトブルーが鮮やかな温泉です。メタケイ酸の量が594㎎/㎏とかなり多く、入るとツルツルになり、美人の湯にふさわしいです。

4 大分県

別府鉄輪温泉 神丘温泉 豊山荘

大分県別府市小倉4組

PH9・1の弱アルカリ性単純泉ですが、源泉が近いせいか、炭酸ガスの気泡が体について、ツルツル感が強いです。

5 熊本県

山鹿温泉 さくら湯

熊本県山鹿市山鹿1番地1

日帰り

よく肌に優しい泉質とか言われますが、この温泉は、肌に馴染んで膜を作るような感じの泉質です。

ＰＨ９・62のアルカリ性単純温泉です。

　さくら湯は、地域に根ざした共同湯です。いつ行っても広い浴槽の中に大勢の人が入っています。浴槽に入った瞬間、何とも言えないヌルヌル感ととろみを感じることができ、良いお湯だということを実感できます。

4　三大山の中温泉

新潟県

赤湯（あかゆ）温泉　山口館

新潟県南魚沼郡湯沢町苗場山5合目

　現天皇陛下も学習院大学の学生当時訪れたという温泉です。

登山道を片道4～5時間歩きます。かなりしんどい山道です。宿泊者は私以外は全員登山目的の方で、私が翌日は山に登らずに下山すると言うと皆さん、「えっ何で」という感じで驚かれていました。

茶色に濁った含石膏食塩泉に入ると、疲れが吹き飛びます。

2

長野県

本沢温泉

長野県南佐久郡南牧村海尻

登山道を片道3時間ほど歩きます。

帰りの登山道でツキノワグマに遭遇しました。襲われなくて良かったです。大声を出してもしばらく逃げなかったので、本当に恐かったです。登りの登山客に注意

を促したところ、誰も信じてくれませんでした。
旅館内の内湯と少し離れたところにある露天風呂は白濁した濃い硫黄泉です。

3

栃木県

三斗小屋温泉（さんどごやおんせん）　大黒屋

栃木県那須郡奥那須三斗小屋温泉

日本百名山のひとつ、茶臼岳の北西に位置し、那須ロープウェイから、登山道を4～5時間かけて歩きます。
大黒屋と煙草屋旅館の2軒があります。長時間歩いてへとへとにはなりますが、湯の花が舞う単純泉に浸かりながら癒しの時間を過ごすのは最高です。

5　新三大秘湯

誰が何をもってそう名付けたのか不明ですが、ニセコ薬師温泉（北海道）、谷地温泉（青森県）、祖谷温泉祖谷温泉ホテル（徳島県）を日本三大秘湯というそうです。おそらく、江戸時代などにおいては、以上の三湯は相当秘湯だったのだろうと思われます。

しかし、交通が発達した今日、これらは本物の秘湯といえるのかどうか疑問です。また、ニセコ薬師温泉は現在廃業しています。

ただ、秘湯という言葉の響きは何かわくわくするので、現代の三大秘湯を検討する必要はあると考えます。

秘湯とは、①交通の不便な、②一軒宿で、③建物に歴史があり、④何か秘密の隠れ家的な感じがする、素朴な温泉宿だと私は考えていますが、その条件に当てはまる新三大秘湯を挙げてみます。

青森県

青荷(あおに)温泉

青森県黒石市大字沖浦字青荷沢滝ノ上1－7

ランプの宿は全国にいくつかありますが、本当に電気がないという意味では本物のランプの宿です。

山の中の一軒宿で、宿の造りも浴槽も本物の秘湯です。柔らかな単純泉がかけ流されています。ランプの薄暗い灯の中でだんだん目が慣れてきて、神経が研ぎ澄まされる感じがいいですね。

露天風呂は混浴です。部屋の壁が薄いので隣の部屋の声が聞こえてきます。本物の暗闇が分かる温泉です。

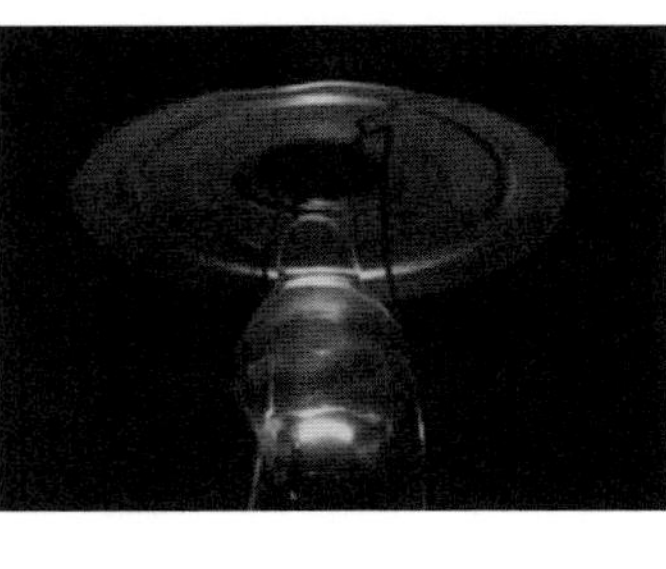

2

福島県

西山(にしやま)温泉　老沢温泉旅館

福島県河沼郡柳津町五畳敷字老沢114

アクセスが不便な秘湯です。

階段を降りていくと、厳かに神様を祀っており、その前に3つの浴槽があります。思わず手を合わせてしまうくらいの秘湯です。湯の花が舞う源泉にせっかく来たのだからと、ついつい湯の花が舞う源泉に長湯をしてしまいます。体がぐったりするくらい含硫黄ナトリウム―塩化物泉の成分が体に染み込みます。

3

栃木県

北(きた)温泉

栃木県那須郡那須町湯本151

硫黄泉で有名な那須温泉湯本の鹿の湯からさらに車で約15分の場所にあります。そして、駐車場からさらに10分程歩いて下っていかなければいけません。

修現僧が昔から訪れていたというだけあって、建物内部は大変薄暗く、令和の旅館に来たとは思えないくらいのタイムスリップした感じの異様な雰囲気です。増改築を繰り返したため、建物の内部は迷路になっています。

メインの内湯は、巨大な天狗の面がおどろおどろしくも3つ掛けられていて、さまざまな温泉成分の濃厚な単純泉がドバドバっと大量にかけ流しになっている開放的

な混浴の浴槽です。着替え用のスペースなどはなく、浴槽のすぐ横で、服を脱ぐようになっています。

このメインの内湯以外は、鉄分を大量に含んだ内湯とその下にプール（源泉がかけ流されている贅沢なプール）などがあります。

「テルマエロマエ」という映画で、ここの温泉プールが出て来たときは感動しました。

6　五大湯治温泉

温泉の中には、1週間とか10日間とか療養目的で湯治に行く人が多い温泉もあり、湯治により病院でも治らなかった病気が治ったという例も多いと聞きます。

中には、湯治棟があり、自炊ができる旅館もあります。湯治の代表的な温泉を挙げます。

1

北海道

川湯温泉　ホテル開紘

北海道川上郡弟子屈町川湯温泉2丁目6番30号

いかにも効能がありそうな青白色の強酸性硫黄泉があつめとぬるめの浴槽にかけ流されています。

大地の恵みを感じることのできる濃厚な源泉です。湯治客の多い旅館です。

2

青森県

酸ヶ湯温泉

青森県青森市荒川南荒川山国有林酸湯沢50番地

温泉場に入る戸を開けた瞬間に、「千人風呂」と呼ば

れる大きな浴槽と老若男女の姿が視界に飛び込んできます。全国的に白く濁った酸性硫黄泉は数多くありますが、これほど硫黄臭の強烈な、酸味の強い白濁の硫黄泉は珍しいです。湯治客も大勢いらっしゃいます。

飲泉もできますが、酸ヶ湯という名前にふさわしく、非常に酸っぱくてまずいです。胃腸にいいのか悪いのかわからないくらい強烈な酸性です。

3

岩手県

鉛温泉　藤三旅館

岩手県花巻市鉛字中平75－1

混浴の白猿の湯は階段を降りて行ったところにあり、足下から源泉が直に湧いています。深さは、約1・25メートルで立ったまま入ります。アルカリ性単純泉です

が、湧出したばかりの源泉のせいか、体にガツンと来る感じのパワーがあり、入るとかなり疲れます。

私は、旅館部に泊まったこともあるのですが、最近は、湯治部に泊まります。料理もそこそこ出ますし、部屋もまあまあ快適で、宿泊代は1万円を切ります。

売店で、カップラーメンなどいろいろな物を売っています。全体的に湯治場的な雰囲気が強い良い温泉です。

4 秋田県 玉川温泉

秋田県仙北市田沢湖玉川字渋黒沢

とにかく、老人が多いです。平均年齢が非常に高い温泉で、しかも7日以上の長期滞在者が多いとのことです。

浴槽は、酸性—含二酸化炭素・鉄（Ⅱ）・アルミニウ

ム—塩化物泉の源泉100%、源泉50%、沸かし湯と3種類あり、源泉50%の浴槽に一番多く人が入っていました。源泉100%の浴槽に入って、湯で顔を洗った瞬間、目に激痛が走るとともにひげ剃り跡がしみます。

近くに毎分9000リットルもの大量の源泉が湧出する大噴（おおぶけ）という源泉があります。大噴をさらに奥に行くと、天然の岩の至るところからラドンを含んだ蒸気が吹きだしており、湯治客はゴザを敷いて、横になっておられます。

飲泉場もあり、源泉を5倍に薄めた湯をさらに水で薄めて飲泉できますが、それをさらに水で薄めて、やっとレモン100%の紋り汁といった感じです。

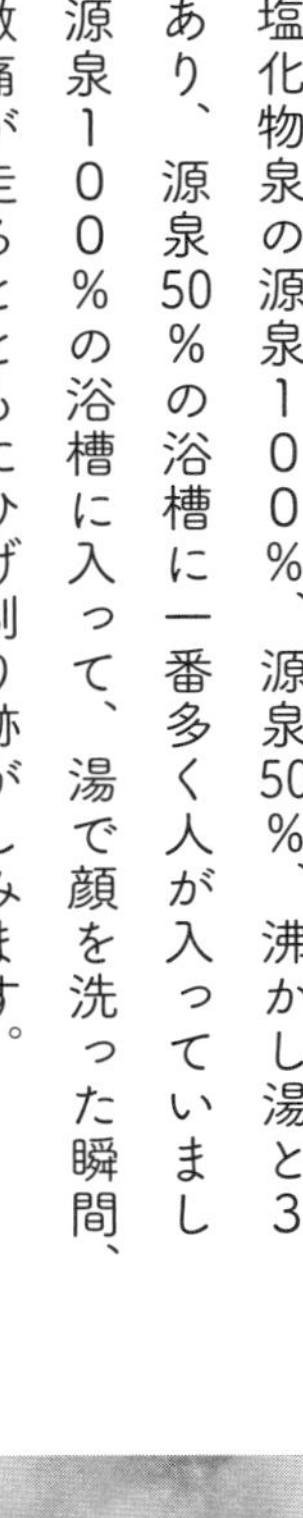

山口県

柚木慈生温泉

山口県山口市徳地柚木2178

泉質は、含二酸化炭素―カルシウム・ナトリウム―炭酸水素塩・塩化物泉です。成分の濃い療養泉です。

口コミで有名となり、全国から湯治客が訪れるとのことです。

溶存物質総量が高く大変濃厚な源泉なので、温水を加えているとのことですが、それでもかなり濃厚な温泉です。泉質は緑っぽい薄濁りで、臭いもかなり独特です。確かに、効きそうな感じの温泉です。

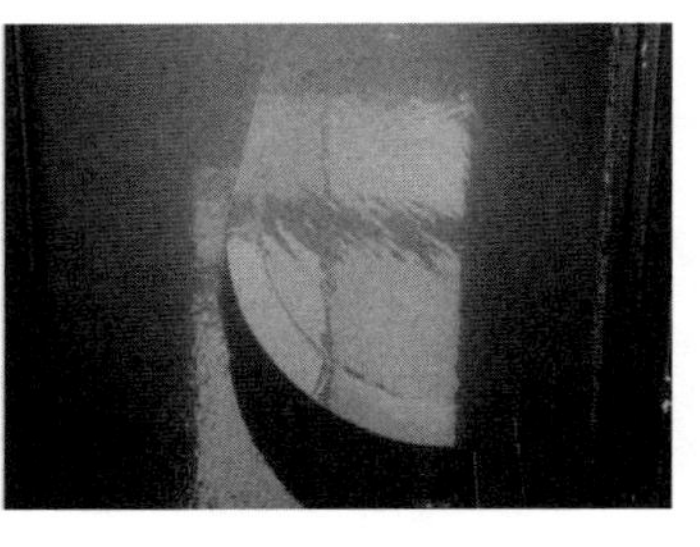

7　五大冷泉

冷泉とは、本来25℃未満の鉱泉をいいますが、25℃を超えていても体感的にこれは冷たいというものを挙げてみました。冷泉は、温泉と交互で入浴することで、自律神経を整えることができます。

また、夏の暑いときは、冷泉は大変気持ちいいです。

北海道

オソウシ温泉　鹿乃湯荘

北海道上川郡新得町屈足オソウシ鹿ノ沢330

少し硫黄臭のするアルカリ性単純硫黄泉です。源泉風呂は25℃くらいですが、これが実にヌルヌルしていて気

持ちがいいです。天然の化粧水です。
秋田犬が出迎えてくれます。

長野県

渋(しぶ)御殿湯

長野県茅野市北山5520番地3

右奥の渋御殿湯が一番冷たくて26・3℃で、その手前が足元湧出の長寿湯で31・1℃です。

硫黄分を含んだ単純酸性硫黄泉が体に染み込む感じがします。

山梨県

岩下(いわした)温泉旅館

山梨県山梨市上岩下1053

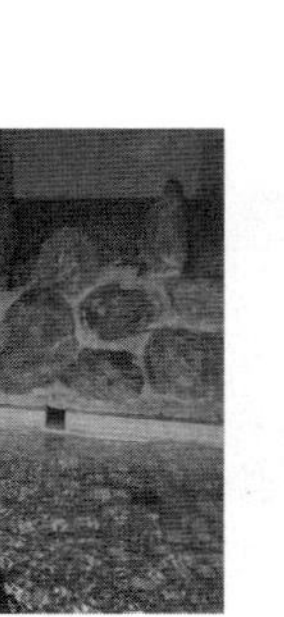

28・2℃の源泉はとにかく冷たく、アルカリ性単純泉はとろみがあって、レベルが高いです。地下にあって、何となく有難い感じがする温泉です（令和6年10月末閉業）。

大分県

赤川温泉　赤川荘

大分県竹田市久住町久住4008－1

泉温は26℃です。

内湯は加温で、手前の露天風呂は加温された源泉が入っているため少し暖かいですが、奥の露天風呂は源泉のままで、夏場でもかなり冷たいです。含二酸化炭素・硫黄・カルシウム―硫酸塩泉ですが、硫黄の濃度がかなり濃く、力のある源泉です。

大分県

寒の地獄温泉

大分県玖珠郡九重町田野257番地

源泉は14℃で、浴槽の底から直接湧いています。健康ランドのサウナの冷水風呂よりも温度が低く、かなり冷たいです。3分頑張って入ればあたたまってくると言われていますが、私はその前にストーブがある部屋に駆け込んでしまいます。ジワーッと底から直湧きの硫黄泉が染み込んでいく感じがします。

このほか、榊原温泉（三重県）の源泉浴槽も冷たくて、長湯ができる温泉です。

8　五大炭酸泉

炭酸泉は肌に気泡がつき、ジワーっと体が暖まる感じがする泉質です。その中でも特に、炭酸成分が豊富な良質の温泉は次のとおりです。

1　北海道

湯ノ岱温泉　上ノ国町国民温泉保養センター

北海道檜山郡上ノ国町字湯ノ岱517番地の5

温度の異なる三種類の浴槽にナトリウム・カルシウム—塩化物・炭酸水素塩泉が大量にかけ流されています。さまざまな温泉成分が含まれているような感じの独特の炭酸泉です。

2

岐阜県

湯屋(ゆや)温泉　泉岳館

岐阜県下呂市小坂町湯屋427－1

飲泉が有名です。サイダーのような味がします。沸かし湯は、茶色に濁ります。泉質は、含二酸化炭素―ナトリウム―炭酸水素塩・塩化物泉です。

3

大分県

筌ノ口(うけのくち)温泉　山里の湯

大分県玖珠郡九重町田野1268－2

筌ノ口温泉は新清館の茶色の湯が有名ですが、その近くの山里の湯は炭酸泉です。少しピリピリするくらいの

ぬるめの炭酸泉が大量に流されています。

大分県

七里田温泉　七里田温泉館下湯　日帰り

大分県竹田市久住町有氏七里田4050－1

泉質は含二酸化炭素—マグネシウム・ナトリウム・カルシウム—炭酸水素塩・硫酸塩泉です。近くの長湯温泉よりは、炭酸濃度が高いように思います。体感的に日本一の炭酸泉だと思います。

宮崎県

湯之元温泉旅館

宮崎県西諸県郡高原町蒲牟田7535

高濃度、中濃度、低濃度に分けられている炭酸泉の見本のような温泉です。高濃度の温泉は、源泉100％で、シュワシュワ感が気持ちいいです。

9　十大絵になる温泉

浴槽と周りの景色が調和して、絵になる温泉を挙げました。見た目でインパクトがある温泉と言ってもいいと思います。

岩手県

国見（くにみ）温泉　石塚旅館

岩手県岩手郡雫石町橋場国見温泉

白色の浴槽にバスクリンのような緑色の源泉はインパクト

があります。敷地内から硫化水素型の硫黄泉が湧いています。ビジュアル的にきれいな温泉で、日によって濁ったり、黄色になったりします。

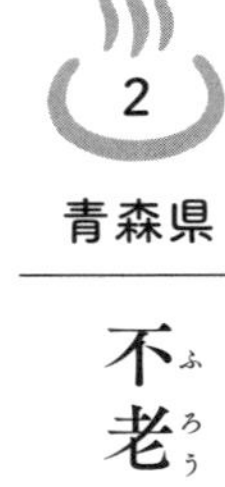

2　青森県

不老ふ死温泉

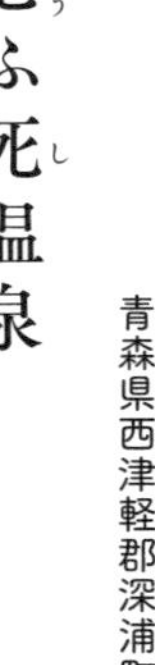

青森県西津軽郡深浦町大字舮作字下清滝15

不老ふ死というネーミングはあまりにも強烈です。しかし、その名前は決して名前負けしていません。泉質は食塩鉄泉で、茶褐色の塩分の強い湯で、ガツンとくる感じの泉質です。

露天風呂が海岸べりにあり、夕陽が沈む様子は、幻想的です。夕陽が熟したように赤く、日本海の水平線に静かに沈んでいく様子は、一日が本当に終わったんだなーと、まさに息を飲むほど荘厳な感じがします。

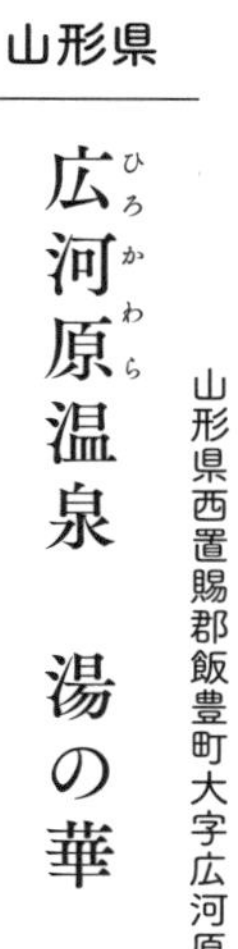

3 山形県

広河原（ひろかわら）温泉　湯の華

山形県西置賜郡飯豊町大字広河原字湯ノ沢448－2

おそらく間欠泉に入ることのできる温泉はここだけだと思います。炭酸ガスを含むナトリウム・カルシウム—炭酸水素塩・塩化物温泉が吹き上がる様は壮観です（令和元年の休業を経て閉業）。

4 群馬県

草津（くさつ）温泉　奈良屋旅館

群馬県吾妻郡草津町草津396

湯畑から少し奥に入った所にある木造の旅館です。

緑白色の硫黄泉が楕円形の内風呂と長方形の露天風呂にかけ流されており、ビジュアル的にも美しいです。

長野県

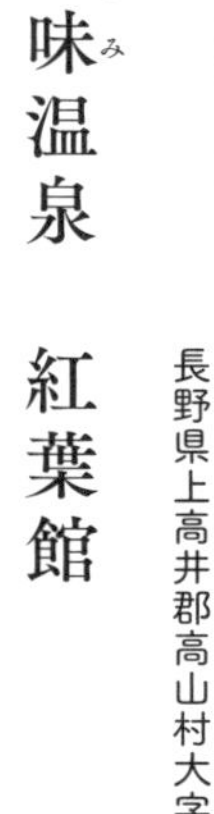

七味（しちみ）温泉　紅葉館

長野県上高井郡高山村大字牧2974－45

七味温泉という名前は、七種類の源泉をブレンドしているからとのことです。緑白色の硫黄泉と黒湯の硫黄泉が楽しめます。黄緑色の温泉と周りの景色のコントラストが絵になる温泉です。

長野県

下諏訪温泉　みなと屋

長野県諏訪郡下諏訪町立町3532

この旅館は、一日に数組しか泊まれません。温泉は砂利を敷いた中庭に木造の露天風呂がひとつあるだけで、それだけで絵になります。宿泊者が時間を決めて順番に入ります。キシキシとした感じの単純泉です。

料理はいなご、ざざ虫、蜂の子のほか、馬刺しも出ます。古き良き宿場宿のなごりを感じさせてくれる旅館です。

石川県

山代(やましろ)温泉　古総湯

石川県加賀市山代温泉18－128

明治時代の総湯を復元したもので、レトロな感じが良いです。泉質は、ナトリウム・カルシウム――硫酸塩・塩化物泉で、濃厚な感じです。源泉が熱いので、少量しか源泉がかけ流されていませんが、塩分を含んだ、しっとりとする湯です。木造の建物とステンドグラスがいい味を出しています。

神奈川県

箱根姥子(うばこ)温泉　秀明館

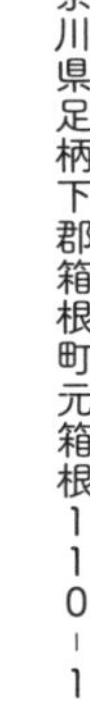

神奈川県足柄下郡箱根町元箱根110－1

岩湯は、岩から源泉が勢いよく噴出しています。それが非常に熱いです。すのこを通って、熱泉の流れに足がつかないようにして、手前の浴槽に入ります。単純泉ですが、成分の濃厚さを感じられる温泉で、いかにも湯治場の温泉にふさわしい泉質です。

加えて、七五三縄(しめなわ)が渋いですね。いわゆる自然の恵みに感謝して、いわゆるお祀りをしている温泉は東北などにいくつかあるのですが、七五三縄はかなり珍しいと思います。

9

佐賀県

武雄(たけお)温泉　殿様湯

武雄市武雄町大字武雄7425

外観は少し中華的な感じです。殿様湯という貸切風呂は、白と黒の大理石を組み合わせて作られており、コントラストがきれいです。鍋島藩のお殿様が入るために作られた歴史のある浴槽で、幕末にはシーボルトも入ったとのことです。

しっとりした感じのアルカリ性単純泉は、湯量も多いので、気持ちいいです。

10

和歌山県

湯の峰温泉　つぼ湯

和歌山県田辺市本宮町湯の峰110

温泉としてはおそらく世界で唯一の世界遺産という貴重な温泉で、大人2名くらいが入れるほどの小さな浴槽です。予約はできず、30分間の貸切となっています。

泉質は、含硫黄—ナトリウム—炭酸水素塩泉で、季節によって1日に7回も湯の色が変化します。

10　七大ドバドバ温泉

浴槽との比較で、源泉がドバドバと大量にかけ流されている温泉は、実に気持ちが良いものです。体感的にドバドバ感が強烈な七大温泉は、次のとおりです。

1　青森県　百沢温泉

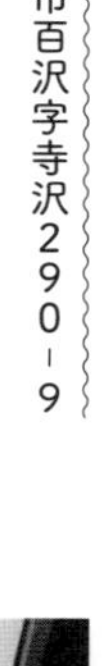

弘前市百沢字寺沢290-9

金属臭のする緑色の硫黄泉がドバドバッと大量にかけ流されており、壮観です。

福島県

新菊島温泉

福島県岩瀬郡鏡石町久来石南470－1

入口に小さめの浴槽があり、その奥は混浴の大浴場になっています。

かなりヌルヌル感のあるアルカリ性単純泉がこれでもかというくらい大量にかけ流されており、好感が持てます（令和4年閉業）。

3

栃木県

塩原温泉　やまなみ荘

栃木県那須塩原市塩原2566

鉄分を含んだ紅茶色のナトリウム――炭酸水素・塩化物泉が、かなりの量かけ流されています。

4

富山県

庄川湯谷温泉　湯谷温泉旅館

日帰り

富山県砺波市庄川町湯谷235

料金500円は、入口の箱に入れておきます。管理人さんは常駐していません。階段を降りていって、戸を開けると、衝撃的な光景に出くわします。ナトリウム・カ

ルシウム―塩化物泉がザアーッと大量に吹き出していて、降り口まで源泉が迫ってくるような感じです。
飲泉すると、少し甘い感じで、若干の硫黄と二酸化炭素も含まれている良泉です。建物も浴槽もきれいに清掃されていて好印象です。

5

山梨県

玉川温泉（たまがわ）

山梨県甲斐市玉川1038－1

まあーものすごい湯量です。浴槽の外に泡付きの紅茶色のナトリウム―塩化物・炭酸水素塩泉が大量に溢れ出しています。見ていて迫力があります。

6

大分県

筋湯(すじゆ)温泉　打たせ湯

大分県玖珠郡九重町筋湯

日帰り

筋湯温泉は、湯量が多く、旅館数もそこそこある温泉地です。この打たせ湯は、筋湯温泉の中でも特に湯量が多く、すごい迫力で大量の単純泉がドバドバ落ちています。湯上がりの肌がしっとりする感じの良い泉質です。

7

鹿児島県

妙見(みょうけん)温泉　秀水湯

鹿児島県霧島市隼人町嘉例川4389－1

ここは泡付きのワイン色の炭酸水素塩泉のかけ流し量

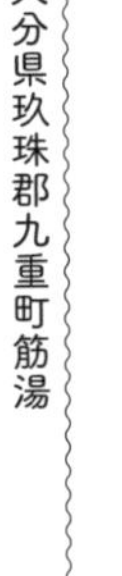

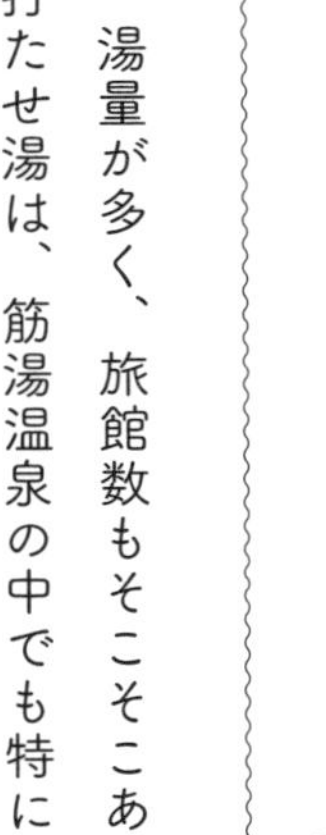

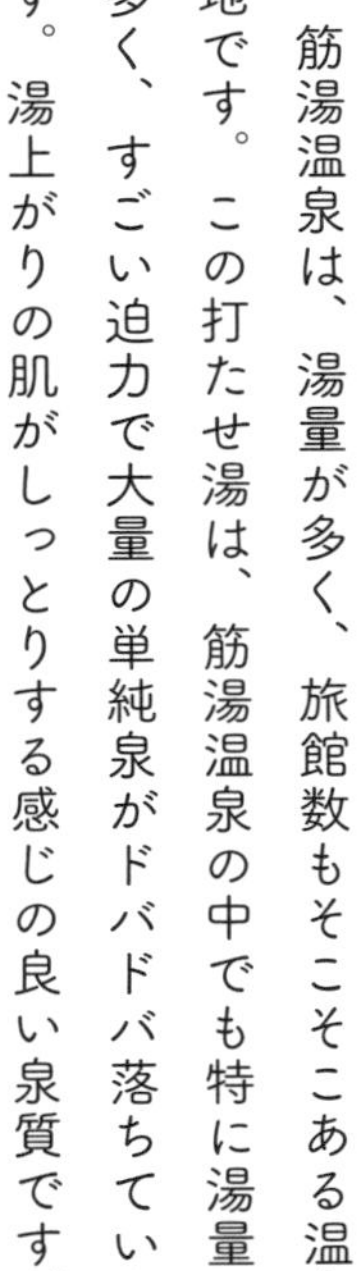

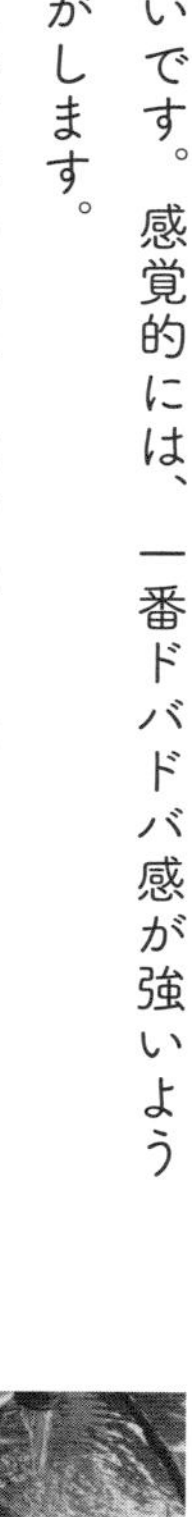

がすごいです。感覚的には、一番ドバドバ感が強いような感じがします。

このほか、博多温泉　元湯（福岡県）もドバドバ感がすごいです。

11　五大強烈臭温泉

1 北海道　豊富温泉（とよとみ） ふれあいセンター湯治浴槽

日帰り

北海道天塩郡豊富町温泉

石油臭どころか石油が浮いています。オイルフェンスが浴槽に浮かんでいて、ある意味感動的です。アトピーの方が油分をすくって体に塗っていました。2回ほど石けんで体を洗わないとヌルヌルが取れません。ちなみに、

石油臭のする温泉は、他にもありますが、石油分が明らかに浮いているのは、この豊富温泉ふれあいセンターの湯治浴槽だけです。

北海道

てしお温泉　夕映

北海道天塩郡天塩町字サラキシ5807－4

ワイン色のナトリウム―塩化物強酸泉ですが、アンモニアイオンの濃度が日本一だそうです。浴室に入った瞬間、古いトイレに入ったような臭気で、少しアンモニアが目に染みます。

このタイプの温泉は、他にはないと思います。

3

栃木県

喜連川早乙女温泉（きつれがわそうとめおんせん）

栃木県さくら市早乙女2114

日帰り

石油と硫黄臭くて、緑白色の濁った濃い温泉です。塩分の濃度も相当強いです。含硫黄—ナトリウム・カルシウム—塩化物泉ですが、泉質的には、全国的にも珍しい温泉だと思います。一度入る価値があります。

4

新潟県

新津温泉（にいつおんせん）

新潟県新潟市秋葉区新津本町4－17－13

日帰り

灰色に濁った石油臭の強烈なナトリウム―塩化物・炭酸水素塩泉です。長く入っていると頭がくらくらするような感じがします。

5

新潟県

西方（さいほう）の湯

住所非公開

親鸞聖人の像に驚かされます。

ナトリウム―塩化物強塩泉です。色は茶色で、ヨウ素臭のような何とも言えない薬品臭がかなり強烈です。

以前は、黒色のもっと臭いの強烈な源泉を使用していたそうですが、あまりにも個性的すぎる泉質なので、現在の泉質の源泉を使用することにしたとのことです。

12 五大質素な温泉（すべて日帰り）

ポツンと佇んでいる質素な建物と浴槽の温泉は、泉質が素晴らしくて好きです。

北海道標津郡標津町川北1－3

1 北海道

川北（かわきた）温泉

根室中標津空港から比較的近い秘湯で、熊出没注意の看板の先にあります。山道を15分ほど車で行くと、真っ白な硫黄泉の浴槽があります。川北温泉を守る会の皆様のおかげで、この大自然の秘湯に入ることができます。

2

北海道

養老牛温泉　からまつの湯

北海道標津郡中標津町養老牛温泉

養老牛温泉の近くにある秘湯です。ぬるめの砂湯とあつめのビニール湯があります。湧出したばかりのナトリウム・カルシウム―塩化物・硫酸塩泉に入ると、肌がツルツルします（令和3年閉業）。

3

北海道

磐石の湯

北海道二海郡八雲町上の湯

落部駅から車で15分くらいに質素な建物がポツンと建っています。鉄分を含んだ塩化物泉で、鄙びてはいますが、よく清掃がされています。管理人の方に感謝です。

福島県

二岐（ふたまた）温泉　湯小屋温泉

福島県岩瀬郡天栄村湯本下二俣22－7

建物に大変趣きがあります。無色透明の柔らかいカルシウム――硫酸塩泉がかけ流されています。

5

鹿児島県

妙見(みょうけん)温泉　犬飼共同浴場

鹿児島県鹿児島市牧園町下中津川滝

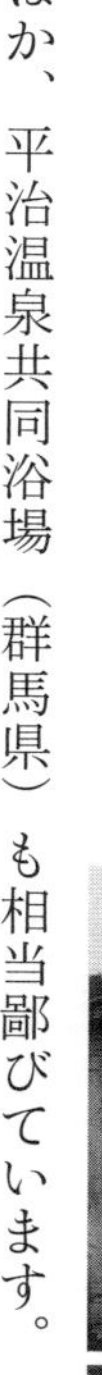

建物も浴槽も相当質素で鄙びています。ナトリウム・マグネシウム・カルシウム―炭酸水素塩泉で、ずっしりした感じの泉質です。地元の方に感謝です。

このほか、平治温泉共同浴場（群馬県）も相当鄙びています。

13　五大鄙(ひな)びた温泉地

鄙びたというのは、田舎っぽいとか野暮ったいという意味ではなく、どことなく古くて落ち着く感じがするという感じです。鄙びた温泉地は、心が和んで癒やされます。

岩手県
台温泉

木造の二階建が多く、昔の湯治場的な雰囲気を残している鄙びた良い温泉地です。旅館は15軒ほどあります。自家源泉を有している旅館も多く、旅館によって泉質も少し異なり、含硫黄―ナトリウム―硫酸塩泉・単純硫黄泉、ナトリウム―硫酸塩・塩化物泉に分けられるようです。

泉質がかなりいいし、古き良き温泉街の感じがするので、もう少し温泉街全体として、例えばかけ流し宣言をするとか、湯治場的ステイを全面的に出すとか、湯巡り手形を出すなどといった工夫をすれば、もっと

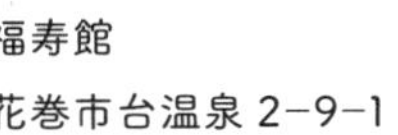

かねがや旅館
岩手県花巻市台温泉 1-186

福寿館
花巻市台温泉 2-9-1

多くの人にこの温泉地の温泉の良さを知ってもらえるのにと思います。

まず、茅葺きで囲炉裏のある駅舎がいいですね。

それから、この温泉地は、民宿が多いです。旅館が9軒に対し、民宿は14軒もあるそうです。旅館と民宿の区別がつきにくいくらい、民宿が立派で、サービスも素晴らしい良い温泉地です。全体的に時間がゆっくり流れていくような懐かしい感じがして、塩化物泉がしっとりくる鄙びた温泉地です。

福島県

湯野上温泉（ゆのがみ）

群馬県

湯宿温泉（ゆじゃく）

群馬県利根郡みなかみ町湯宿温泉

藤助屋旅館
花巻市台温泉 2−25

温泉民宿いなりや　福島県南会津郡
下郷町湯野上字沼袋乙 853

つげ義春氏の漫画『ゲンセンカン主人』に描かれていた温泉地です。本当に何もない鄙びた温泉地です。なお、うら寂れたゲンセン館のモデルになったと言われる旅館はすっかりリニューアルされてきれいになっています。

この温泉地には旅館が6軒ありますが、共同湯は窪湯、小瀧の湯、杉の湯、竹の湯の4つもあり、すべて地元の方により管理されています。100円以上の協力金を払って入れていただくことになり

窪湯

小瀧の湯

ます。源泉はどこも共通で、ナトリウム・カルシウム―硫酸塩泉で、どこも熱いです。

夜、国道を一本奥に入った路地を通って共同湯に入ると、少し怖い感じで、ゲンセン館のイメージが湧いてきます。

長野県

角間温泉（かくま）

長野県下高井郡山ノ内町佐野

数軒の旅館の他に大湯と滝の湯と新田の湯の3つの共同浴場がありますが、いずれも鄙びており、共同湯らしい共同湯です。ナトリウム―塩化物・硫酸塩泉の泉質もなかなかのレベルです。

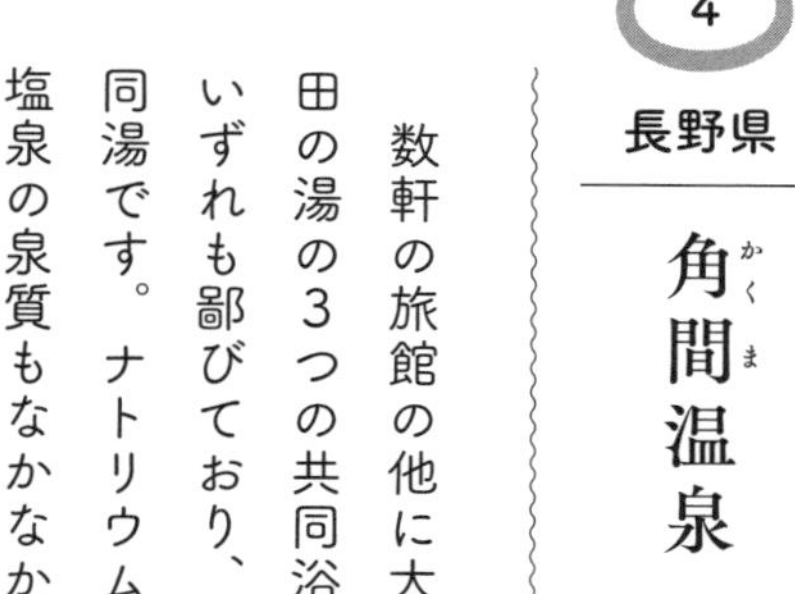

大湯

滝の湯

新田の湯

5

鹿児島県

川内高城温泉（せんだいたき）

鹿児島県薩摩川内市湯田町

ここは相当鄙びています。10年前くらいは宿泊もやっていた旅館が日帰りになったところが多いです。でも廃業しないで、日帰りでも経営を続けておられるところが有難いです。

泉質は硫黄泉ですが、柔らかくてつるつるです。昭和の懐かしい感じがする良い温泉地で、癒やされます。

このほか、天ヶ瀬温泉（大分県）、杖立温泉、湯の鶴温泉（以上、熊本県）なども鄙びた温泉地です。

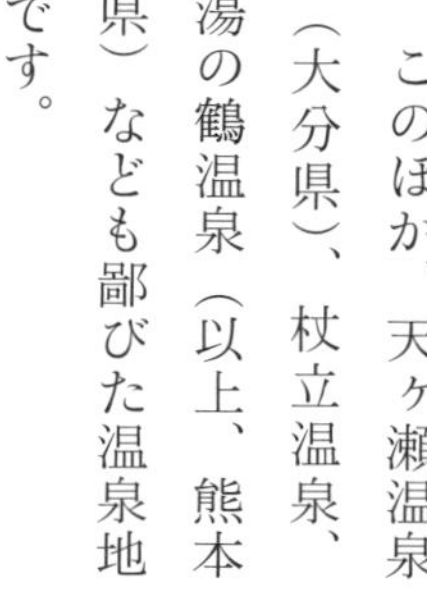

双葉旅館

鹿児島県薩摩川内市湯田町6461

温泉街

高城温泉共同浴場

14 十大野湯（のゆ）

野湯とは、自然の中の温泉で、無料で入れる温泉です。

1 北海道 カムイワッカ湯の滝

北海道斜里郡斜里町大字遠音別村湯の滝

温泉が湧いて流れてくる滝を上って行きます。思ったよりも滑りません。滑落の危険よりも熊に襲われる危険の方が大きいのではないかと思います。

2

北海道

平田内温泉　熊の湯

北海道二海郡八雲町熊石平町

行ったときに、熊がよく出るよと地元の方から言われたところです。幸い熊は出ませんでしたが熊除け鈴が必要です。

3

秋田県

奥奥八九郎温泉

秋田県鹿角市小坂町小坂

大地から炭酸泉が湧出している天然のジャグジー温泉です。時期によってはアブが多くて

入れません。炭酸ガスを吸い過ぎると二酸化炭素中毒になります。

秋田県

川原(かわら)毛(げ)大湯滝

秋田県湯沢市高松高松沢

上流で、強酸性の源泉と川の水が混じって、滝になって落ちてきます。かなりの湯量です。

滝壺に当たるところで、温泉に入りますが、強酸性の温泉が湯しぶきとなって、目に入って大変痛いです。

群馬県

尻焼(しりやき)温泉

群馬県吾妻郡中之条町大字入山

名前のとおり、川底から熱い源泉が湧いて、確かにお尻が焼けるような感じです。

6 栃木県

湯西川温泉　薬研の湯

栃木県日光市湯西川993

対岸からも橋の上からもよく見える野湯です。アルカリ性単純泉で、ツルツル感があります（令和元年閉業）。

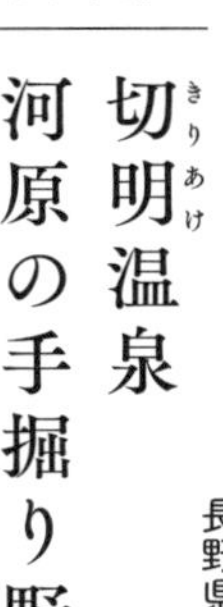

長野県

切明温泉 河原の手掘り野天風呂

長野県下水内郡栄村大字堺17878－2

かなりワイルドです。ただし、見かけよりは快適です。

8

和歌山県

川湯(かわゆ)温泉　仙人風呂

和歌山県田辺市本宮町川湯温泉

川の水量が少なくなる冬場だけ入れます。昼間は開放感があり、夜は灯籠の灯が印象的です。

9

鹿児島県

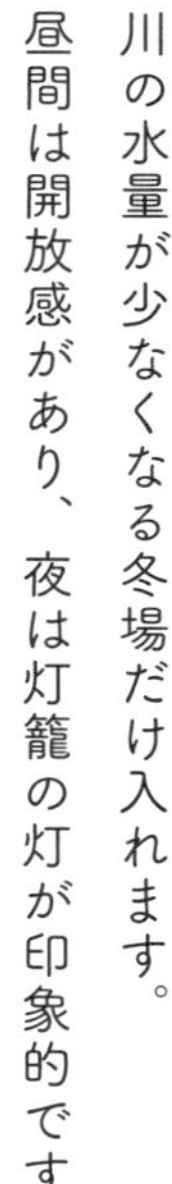

妙見(みょうけん)温泉　和気湯

鹿児島県霧島市牧園町下中津川47

称徳天皇に配流された和気清麻呂が入ったとされる日本最古といわれる露天風呂です。

10

鹿児島県

トカラ列島の温泉

鹿児島県鹿児島郡十島村悪石島・小宝島

トカラ列島は火山地帯なので、島ごとに温泉があります。悪石島、小宝島等を巡りましたが、海中温泉など珍しい温泉が目白押しでした。

しかし、悪石島の海岸で温泉を掘っているときに現地名で「ガジャブ」というブヨに体中を100か所以上も刺され、大変な目に合いました。

悪石島の海中温泉と小宝島の湯泊温泉は最高のロケーションでした。海中温泉は満潮だったので冷たかったです。

小宝島の湯泊温泉

悪石島の海中温泉

15　五大不思議温泉

少し不思議な感じがしますが、泉質が良い温泉もあります。

栃木県

ピラミッド元氣温泉

栃木県那須塩原市接骨木493－4

まず、スフィンクスとピラミッドに圧倒されます。館内はさまざまな置物で溢れています。

源泉はピラミス源泉というアルカリ性単純泉で、泉質はなかなかのものです。

2

栃木県

老松（おいまつ）温泉旅館

栃木県那須郡那須町湯本181

日本一ボロイ温泉というよりも廃墟です。ただし、硫黄泉の泉質自体はなかなかのレベルです（令和元年閉業）。

3

愛知県

永和（えいわ）温泉　みそぎの湯

愛知県愛西市大井町浦田面686

不思議というよりもマネキンが怖い！　宗教団体の施設ですが、信者でなくても入れます。

ナトリウム―炭酸水素塩化物泉で、ツルツル感があります。
般若心経をお唱えしたところ、大変感謝されました。

愛知県

坂井温泉　湯本館

愛知県常滑市坂井字西側1

含鉄（II）ナトリウム・マグネシウム―塩化物泉です。浴槽の人らしき顔がかなり不気味です。夜ひとりで入るのはどうかなという感じです。また、白湯の浴槽のタヌキも妙にインパクトがあります。
すぐ近くに海があり、夏場は大学生のサークルの合宿が多いとのことです。

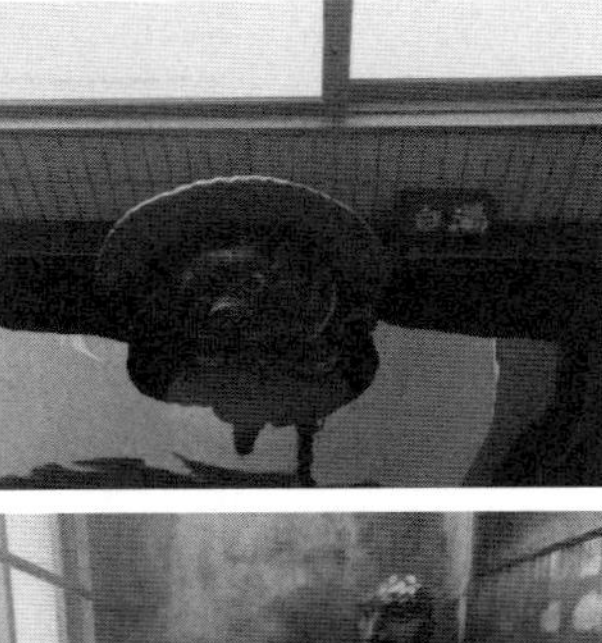

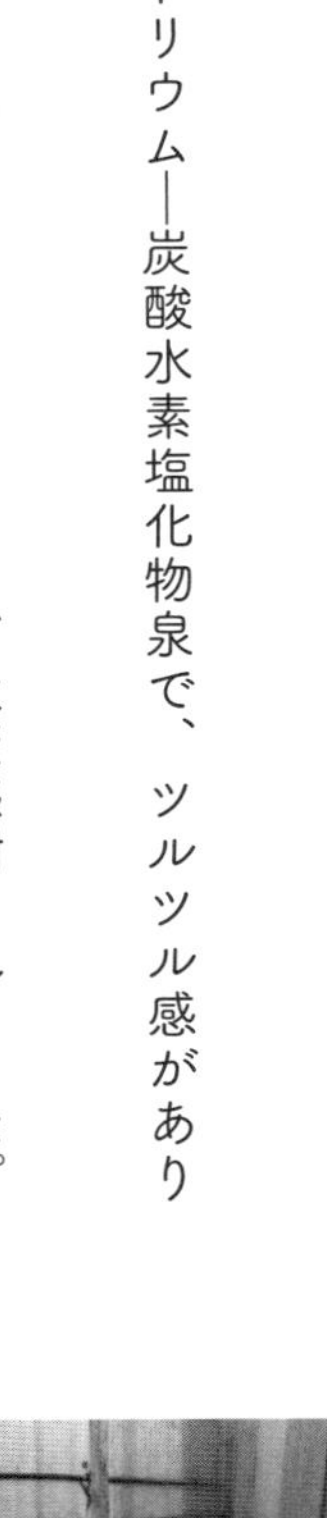

ちなみに、女性風呂の浴槽には、トトロがいるそうです。

5 三重県 木曽岬温泉

三重県桑名郡木曽岬町源緑輪中774

日帰り

どういう訳か、男風呂と女風呂の境にあるお城が立派です。アルカリ性単純泉はあつめなので、少し気合いを入れて入る必要があります（令和元年閉業）。

第5章

心を鬼にして選んだ

地域別

おすすめ温泉200選

以下では、これまで挙げていないおすすめの源泉かけ流し温泉をエリア別にご紹介します。

エリアごとの宿泊施設と日帰り施設の数は、下のとおりです。

都道府県別では、宿泊施設では北海道の11軒と群馬県の9軒、日帰り施設では、青森県の9軒と鹿児島県の10軒が多くなっていますが、おおむね順当な結果だと思います。

エリア	宿泊施設	日帰り施設	合計
北海道	11	8	19
東北	23	12	35
関東	17	3	20
中部	32	16	48
関西	8	7	15
中国・四国	8	8	16
九州	14	33	47
合計	113	87	200

1　北海道

日帰り　標茶(しべちゃ)温泉　味幸園(あじこうえん)

北海道川上郡標茶町オソツベツ原野下御卒別628

焼肉屋さんのような名前ですが、以前は旅館だったそうです。濃厚なモール泉で、ツルツル・ヌルヌル感がすごいです。私も浴槽の中の段差で滑りそうになりました。肌に馴染んで、しっとりする感じが男性の私でも実感できる温泉です。

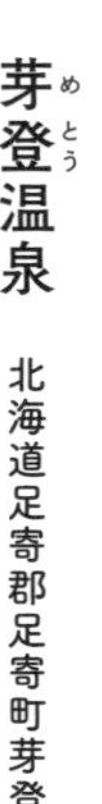

芽登(めとう)温泉

北海道足寄郡足寄町芽登2979

単純硫黄泉で、とにかく温泉がピュアな感じがします。また、露天風呂が大変爽快感のある、いい温泉です。

豊富(とよとみ)温泉 川島旅館

北海道天塩郡豊富町字温泉

豊富温泉 川島旅館

芽登温泉

標茶温泉　味幸園

石油を含んだ灰色の含ヨウ素―ナトリウム―塩化物泉の加温と源泉浴槽があります。町営ふれあいセンター湯治浴槽のように石油は浮いていませんが、泉質はかなり良いです。

濁川温泉 新栄館　北海道茅部郡森町字濁川49

泉質は、ナトリウム―炭酸水素塩泉で、建物も浴槽も相当鄙びた良い温泉旅館です。

岩をくり抜いた浴槽が3つあり、混浴になっています。少し石油臭のするレベルの高い温泉です。

登別温泉　観音寺温泉　北海道登別市登別温泉町119―1

新鮮なので、まだ白濁していない濃厚な硫黄泉に入ることができます。

登別カルルス温泉 鈴木旅館　北海道登別市カルルス町12

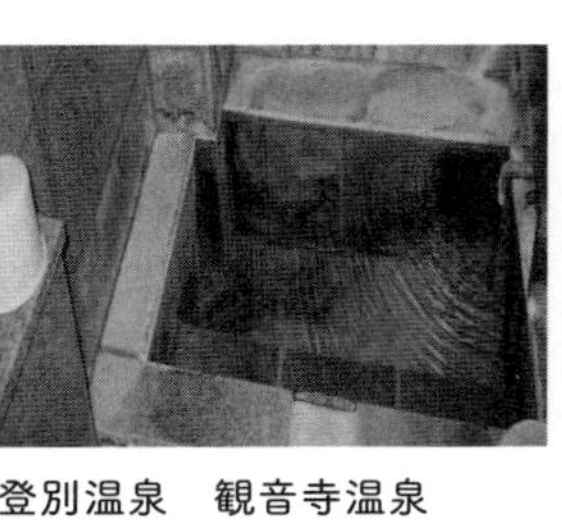

濁川温泉 新栄館

登別温泉　観音寺温泉

カルルス温泉は、チェコのカルルスバートと似た泉質であることから名付けられた温泉名です。ラジウムが豊富な単純泉で、湯治場的な雰囲気を残す温泉地です。

この旅館は、温度の違いで源泉を楽しめる数少ない温泉です。国民保養温泉にふさわしい優しいお湯で、長い時間入ることができます。

十勝岳温泉　湯元 凌雲閣

北海道空知郡上富良野町十勝岳温泉

鉄泉と炭酸水素塩泉の2種類の温泉が楽しめます。炭酸水素泉はぬる湯で、夏場は大変気持ちが良いです。

露天風呂からは十勝岳が見られます。まことに壮観です。

糠平（ぬかびら）温泉 中村屋旅館

北海道河東郡上士幌町字ぬかびら源泉郷

ヌルヌル感のあるナトリウム—塩化物・炭酸水素塩泉です。

混浴の露天風呂が、いかにも北海道の露天風呂という感じで

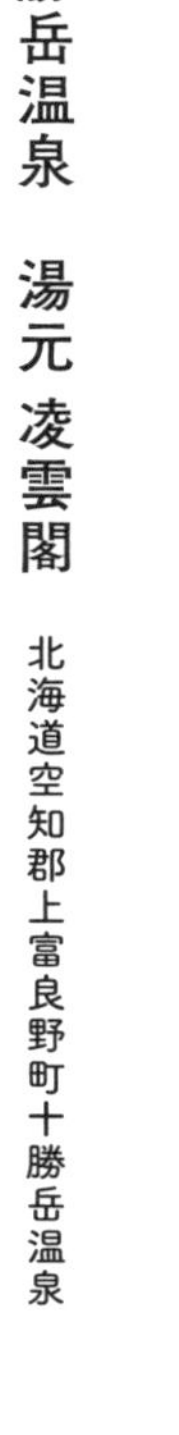

糠平温泉 中村屋旅館　十勝岳温泉　湯元 凌雲閣　登別カルルス温泉 鈴木旅館

素晴らしいです。

コタン温泉 丸木舟　北海道川上郡弟子屈町字屈斜路コタン

屈斜路湖のほとりにあります。浴槽はひとつだけですが、広くて快適な浴槽に、油臭のする青白色のナトリウム─炭酸水素塩泉がかけ流されています。

アイヌ料理とライブも楽しめます。

斜里温泉　湯元館　北海道斜里郡斜里町西町13─11

ワイン色の新鮮な泡付きのモール泉（植物性の有機物を含む温泉）が大量にかけ流されています。

入っていて、大変気持ちのいい温泉です。

湯の川温泉　大盛湯　北海道函館市湯川2─18─23

ナトリウム・カルシウム─塩化物泉です。湯の川温泉郷に

コタン温泉 丸木舟

斜里温泉　湯元館

湯の川温泉　大盛湯

あります。

あつ湯と普通とぬる湯があります。あつ湯はかなり熱いです。近くの永寿湯温泉も泉質が良いです。

西ききょう温泉　北海道函館市西桔梗町444－1

ナトリウム・カルシウム―塩化物泉ですが、黒みがかっており、少しヌルヌル感があります。3つ並んだ樽状の浴槽にかなりのインパクトがあります。近くの富岡温泉なども黒みがかった良い泉質です。

ニセコ黄金(こがね)温泉　北海道磯谷郡蘭越町黄金258－1

ニセコにある日帰り温泉施設で、ワイン色の炭酸泉が大量にかけ流されています。

神威脇温泉　北海道奥尻郡奥尻町字湯浜98番地

神威脇温泉　ニセコ黄金温泉　西ききょう温泉

奥尻島の海辺にあり、風情があります。茶色のナトリウム—塩化物泉です。

日帰り オーロラファームヴィレッジ

北海道川上郡標茶町字栄219－1

オーロラ温泉は黒光りしたモール泉です。モール泉は十勝川温泉だけではありません。

野趣あふれる湯で開放感があり、肌がつるつるになります。

日帰り 幌加温泉　湯元 鹿の谷

北海道河東郡上士幌町幌加

糖平温泉から車で15分くらいのところにあり、コンクリート打ちっぱなしの浴槽にナトリウム温泉、鉄泉、カルシウム泉が3つの浴槽にそれぞれかけ流されています。露天風呂は硫黄泉です。

鹿も、ときどき遊びに来ます。鹿が来ているうちは、熊は

幌加温泉　湯元 鹿の谷

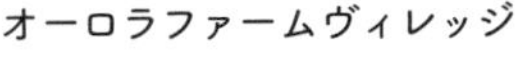

オーロラファームヴィレッジ

来ないとのことです。夏場に行くと、露天風呂にアブがたくさん飛んでいて、入ることはできませんでした。

アサヒ湯　北海道帯広市東3条南14丁目19

帯広市内には、アサヒ湯のほか、ローマノ福の湯、ホテルボストンなどモール泉のかけ流しのホテル、日帰り温泉がいくつかあります。

このアサヒ湯は、炭酸分を大量に含んだ良質のモール泉です。

二股らぢうむ温泉　北海道山越郡長万部町字大峯32番地

表面にカルシウム分が浮遊している茶色の大変濃いナトリウム・カルシウム－塩化物泉です。湯治場の雰囲気が漂っています。露天風呂の外にも温泉成分が凝固しており、茶色の大地が広がっています。

二股らぢうむ温泉　　アサヒ湯

石田温泉旅館　北海道函館市柏野町117−7

酸性の含鉄・アルミニウム—硫酸塩泉で、少し赤味がかった鉱物の臭いがする温泉です。

ぬるめなので、強酸性の温泉に長く入ることができ、体に温泉の成分が染み込んでいく感じがします。酸性が強いものの、玉川温泉や塚原温泉のようなピリピリ感があまりなく、長く入ることができます。

冬場は加温するとのことなので、夏場に行く方が良いと思います。錆びた10円玉がすぐにピカピカの新品になるくらいの強酸性の温泉です。

2　東北

日帰り　さんない温泉　三内（さんない）ヘルスセンター（青森県）

青森県青森市三内字沢部306−1

さんない温泉　三内ヘルスセンター

石田温泉旅館

緑がかった濃い硫黄泉です。浴室に立ちこめた硫黄の臭いが強烈です。下着についた硫黄の臭いがなかなか取れないくらいの強力な硫黄泉です。建物は全体的に古い感じです。

古遠部（ふるとおべ）温泉（青森県）青森県平川市碇ケ関西碇ケ関山1−467

湯量が大変豊富で、湯船から溢れ出た「こぼれ湯」に仰向けになって寝転がる「トド寝」もオススメです。茶色のナトリウム・カルシウム―塩化物・炭酸水素塩・硫化塩泉は、析出物もすごいです。

日帰り 森田温泉（青森県）青森県つがる市森田字月見野110−2

炭酸を大量に含んだナトリウム―塩化物・炭酸水素塩泉です。透明な薄茶色で、泡付きでツルツル感はなかなかです。

日帰り 新岡温泉（青森県）青森県弘前市大字新岡字萩流161−12

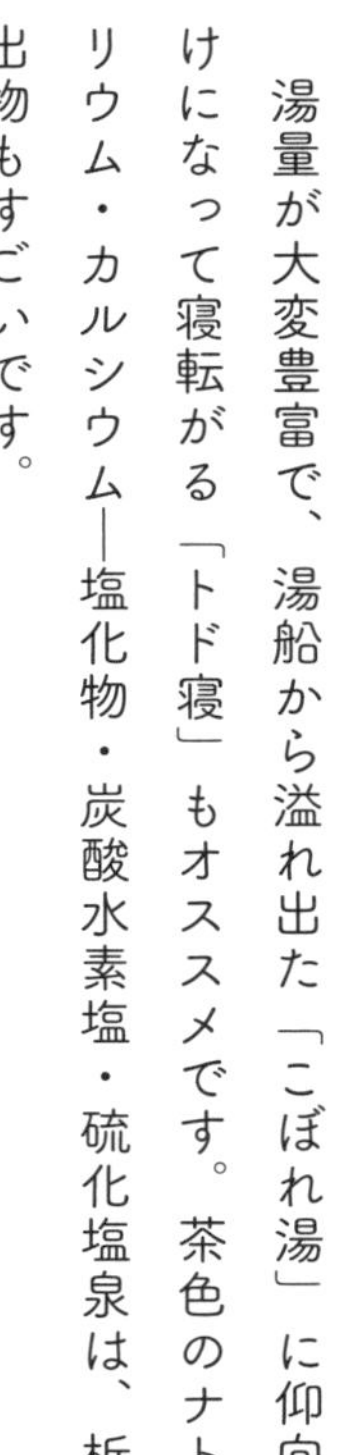

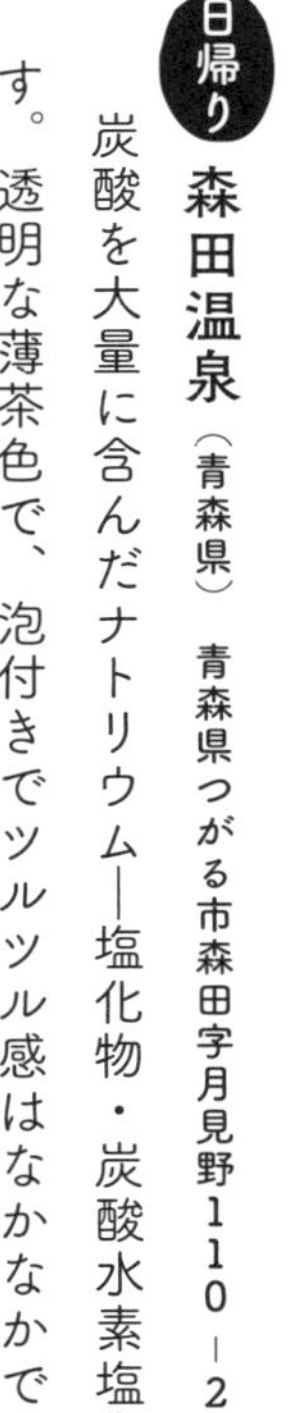

新岡温泉

森田温泉

古遠部温泉

ナトリウム―塩化物・炭酸水素塩泉で、黒みがかったモール泉です。

湯量が多いだけでなく、かなりヌルヌルした感じです。浴槽内に腰を落とすと、ズルッと滑るくらいです。

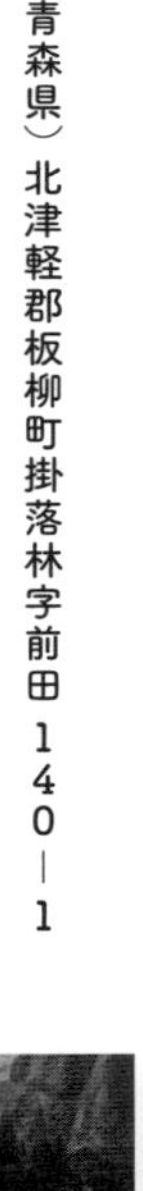

日帰り **あすなろ温泉**（青森県）北津軽郡板柳町掛落林字前田140―1

塩化物泉とのことですが、かなり石油臭のする紅茶色の独特な泉質です。

八甲ラジウム温泉（青森県）

青森県上北郡東北町大字上野字北谷地39―186

単純温泉ですが、この黒さはすごいです。また、浴槽で滑りそうになるくらいツルツルです。

東北温泉（青森県）青森県上北郡東北町上笹橋21―18

東北温泉

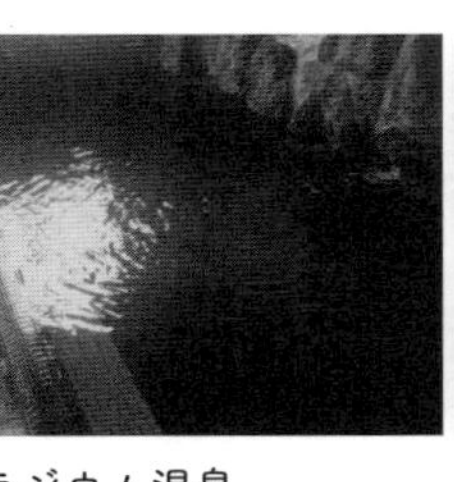

八甲ラジウム温泉

あすなろ温泉

日本一黒いと言われている濃いモール泉です。確かに、深い所がよく見えないくらい黒いです。

姉戸川温泉 （青森県）

青森県上北郡東北町大浦中久根下98

少し青味がかったなめらかなアルカリ性単純温泉です。ぬるめなので長く入れます。

日帰り 鶴の名湯 温湯（ぬるゆ）温泉共同浴場 （青森県）

青森県黒石市大字温湯字鶴泉79

ナトリウム―塩化物泉です。名前は「ぬるゆ」ですが、あまりぬるくはありません。地元の方が大勢入りに来る、共同浴場らしい温泉です。

新屋（あらや）温泉 （青森県）

青森県平川市新屋平野84－14

エメラルドグリーンのナトリウム－塩化物泉が素晴らしい

新屋温泉

鶴の名湯 温湯温泉共同浴場

姉戸川温泉

です。

少し油のような薬品のような臭いもして、ツルツル感もあり、かなり個性的な泉質です。

このような温泉が平川市の住宅街に存在すること自体がすごいです。

恐山温泉　花染の湯（青森県）

青森県むつ市大字田名部字宇曽利山

恐山温泉には4つの温泉があり、男性は山間を入った所にある薬師の湯のほか、建物の裏側にある混浴の花染の湯にも入れます。

少し黄緑がかって見える濃厚な酸性泉が、体にピリッときます。

下風呂温泉　新湯（青森県）

青森県下北郡風間浦村下風呂家ノ尻13

恐山温泉　花染の湯

少しピリッときますが、すべすべ感のある硫黄泉の泉質が好きです。

令和2年に、近くの大湯とともにリニューアルされるとのことですが、この泉質と共同湯の素朴さを残してほしいと思います。

夏油温泉　元湯夏油（岩手県）岩手県北上市和賀町岩崎新田1－22

一般客用の建物に並んで湯治客用の建物が建っており、売店に米から野菜、調味料まで湯治用品が所狭しと並べられており、湯治宿の色彩の強い旅館です。毎年11月から4月までは、積雪のため、閉館になります。

旅館を出て山の中の石段を降りていくと、川のほとりにナトリウム・カルシウム―塩化物泉の浴槽が複数存在します。

一般客よりも湯治客の方が数が多く、混浴の中で老若男女（といっても若者はほとんどいない）が和気あいあいと世間

下風呂温泉　新湯

夏油温泉　元湯夏油

話をしながら湯に浸っています。

本書の始めの方でも述べましたが、私が温泉に興味を持ち出したのはこの温泉のおかげです。心が癒される温泉です。

乳頭温泉 黒湯温泉（秋田県）秋田県仙北市田沢湖生保内字黒湯2－1

敷地内で温泉が湧いています。地中から湧出したばかりの灰色の硫黄泉に入れます。

湯治場的な雰囲気が素晴らしいです。

蒸ノ湯温泉（ふけのゆ）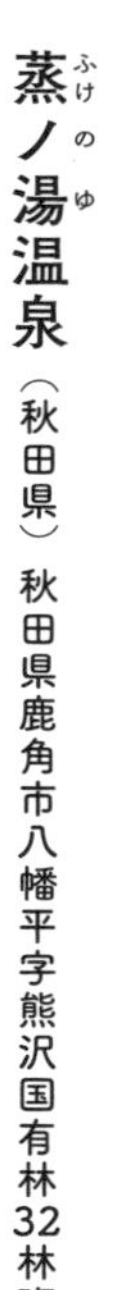（秋田県）秋田県鹿角市八幡平字熊沢国有林32林班

噴煙の立ち上がる山間部に、泥を含んだ灰色の酸泉が湧出しています。

鳴子温泉　ゆさや（宮城県）宮城県大崎市鳴子温泉湯元84

自然の中で開放感と温泉力を感じることのできる温泉です。

乳頭温泉 黒湯温泉

蒸ノ湯温泉

自家源泉の含硫黄—ナトリウム—硫酸塩泉をブレンドして浴槽にかけ流しているとのことですが、うなぎ湯と名付けられた五角形の木の浴槽はきれいな透き通ったグリーンでぬるぬるした感じであるのに対し、大きい方の浴槽は同じ源泉なのに緑白色に濁っています。

給湯量を少なめにして浴槽内の温度が低いとグリーンに透き通るとのことですが、そのメカニズムはご主人もよく分からないとのことです。

鳴子温泉　旅館 姥乃湯 （宮城県） 宮城県大崎市鳴子温泉河原湯65

こぢんまりした旅館ですが、硫黄泉、硫酸塩泉、含ぼう硝重曹泉、単純泉の4種類の源泉がかけ流されており、ひとつひとつの泉質がそれぞれ高レベルです。

ただし、すべての浴槽が分かれているので、1回1回着替えないといけないのが少し面倒ですが、泉質の素晴らしさが

鳴子温泉　旅館 姥乃湯

鳴子温泉　ゆさや

帳消しにしてくれます。

鳴子温泉　西多賀旅館（宮城県）

宮城県大崎市鳴子温泉字新屋敷78－3

目に鮮やかな緑白色の濃い硫黄泉です。高張泉なので、体にガツンと来る感じで疲れます。湯治場的な雰囲気です。

ちなみに、お隣の東多賀温泉は、白濁した弱酸性硫黄泉です。

東鳴子温泉　いさぜん旅館（宮城県）

宮城県大崎市鳴子温泉赤湯11

黒く濁っている独特の重曹泉が湧いています。

黒い湯といえば、例えば北海道の十勝川温泉などのモール泉や塩原温泉の大出館の硫黄系の黒湯が思い出されますが、重曹泉の黒湯は大変珍しいです。このほか、同じ浴場に含鉄泉もあり、泉質的に大変レベルの高い温泉です。

鳴子温泉　西多賀旅館

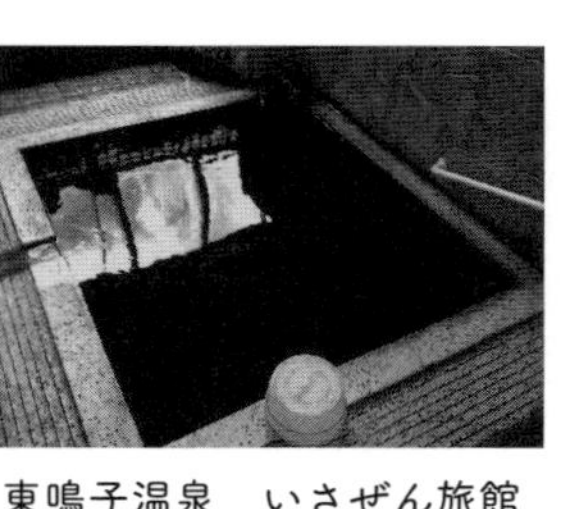

東鳴子温泉　いさぜん旅館

東鳴子温泉　高友旅館（宮城県）

宮城県大崎市鳴子温泉字鷲ノ巣33－1

黒湯があまりにもインパクト大です。黒湯と言っても緑がかった黒色で、油臭と鉄分等の金属臭の強い湯です。

また、黒湯以外にも、硫黄泉や炭酸泉もあり、温泉力が高い旅館です。全体的にレトロな雰囲気も素晴らしいです。

東鳴子温泉　赤這（あかばい）温泉　阿部旅館（宮城県）

宮城県大崎市鳴子温泉字赤這125－1

東鳴子温泉は泉質の良い温泉が目白押しです。この旅館は、隣地から引いている、やや青みがかった薄濁りのゴムが焦げたような臭いのナトリウム―炭酸水素塩泉と、自家源泉で鉄分を含み茶色に濁っている単純泉が楽しめます。どちらの泉質も申し分ありません。

東鳴子温泉 赤這温泉 阿部旅館

東鳴子温泉 高友旅館

羽根沢温泉　松葉荘（山形県）

山形県最上郡鮭川村大字中渡1314―2

石油を試掘していたら温泉が出たということで有名な温泉です。旅館3軒と共同浴場がありますが、この旅館は浴槽の割に温泉の注入量が多く、油臭とヌルヌル感が強くて、好感が持てます。

大平（おおだいら）温泉　滝見屋（山形県）

山形県米沢市大字李山12127

駐車場からかなり長い坂を降りて行った所にあります。米沢市には米沢八湯（新高湯、白布、滑川、姥湯、湯の沢、五色、小野川、大平）がありますが、いずれもいい温泉地です。この大平温泉の特徴は、露天風呂の中から1メートルほどカルシウム・硫酸塩泉が噴き上がっているところです。露天風呂の中には岩も切り立っており、印象深い温泉です。

羽根沢温泉　松葉荘

大平温泉　滝見屋

肘折温泉　上ノ湯（山形県）山形県最上郡大蔵村南山

肘折温泉は、どこか懐かしい感じがする温泉街です。その中心に上ノ湯があります。ナトリウム・カルシウム塩化物泉です。肌にまとわりつくような感じの温泉です。

赤倉温泉　三之亟（山形県）山形県最上郡最上町大字富沢884

旅館の名前からして歴史を感じますが、江戸時代に天然の岩石を削って作られた底面から直湧きの大岩風呂は、確かに息を飲む感じがします。

カルシウム・ナトリウム―硫酸塩泉は、まろやかで体にまとわりつくような感じでしっとりします。

ちなみに、赤倉温泉は新潟県にもあります。少し紛らわしいですが、赤湯温泉は新潟県、山形県、福島県にあります。

肘折温泉　上ノ湯

赤倉温泉　三之亟

微温湯（ぬるゆ）温泉　二階堂（福島県）

福島県福島市桜本字温湯11

含アルミニウム泉で、温度は32℃のぬるめの源泉がかけ流されています。建物は古くてなかなか風情があります。

横向温泉　マウント磐梯（福島県）

福島県耶麻郡猪苗代町大字若宮字上ノ湯甲2985

単純温泉とのことですが、泉質は少し青みがかったレベルの高いもので、金属臭がします。源泉が内湯と露天風呂に大量にかけ流されています。

横向温泉・中の湯旅館は、歩いて行ける所にあります。

いわき湯本温泉　伊勢屋旅館（福島県）

福島県いわき市常磐湯本町吹谷80

いわき湯本温泉は、日本三古泉に加えられることもある、たいへん歴史の深い温泉地です。泉質は、硫酸塩泉で、少し

微温湯温泉　二階堂

横向温泉　マウント磐梯

いわき湯本　伊勢屋旅館

苦みのある良いお湯です。

伊勢屋は、いわき湯本温泉の他の大型のホテル・旅館に比べると少しこぢんまりした感じがしますが、源泉をタンクに貯めずにかけ流ししているので、お湯の鮮度がいい感じがします。

湯の花温泉　本家亀屋（福島県）

福島県南会津郡南会津町湯ノ花390

昔は庄屋だったと思しき立派な木造家屋で、隣に共同湯の天神の湯があります。自家源泉の単純泉の湯小屋は、旅館から3分程歩いた所にあり、交代で入ることになりますが、これがぬるめで素晴らしいです。

甲子（かし）温泉　大黒屋（福島県）福島県西白河郡西郷村大字真船字寺平1

深さ1・2メートルの大岩風呂が歴史を感じさせ、素晴ら

湯の花温泉　本家亀屋

甲子温泉　大黒屋

しいです。

単純泉ですが、程よくいろいろなミネラルのバランスのとれた柔らかい良い源泉です。入っていて飽きのこない泉質です。

新甲子温泉　五峰荘（福島県）

福島県西白河郡西郷村大字真船字馬立1

鉄分を含んだナトリウム―硫酸塩泉です。この旅館は、源泉の説明などから源泉かけ流しにこだわっている感じがします。特に、かじかの湯の浴槽の手作り感が風情を感じさせます。

月光温泉（福島県）

福島県郡山市安積町笹川四角坦62―1

郡山市の近くには、須賀川温泉などツルツル系の温泉がい

新甲子温泉　五峰荘

月光温泉

くつかあります。ここのナトリウム―硫酸塩・塩化物泉のツルツル感はなかなかのレベルです。

横向温泉　中の湯旅館（福島県）

福島県耶麻郡猪苗代町若宮中ノ湯甲2975

建物も浴槽も相当古く、鄙びの極致です。いろいろなミネラルを含んでいると思われる泉質は、柔らかなぬるめの単純泉で、長湯ができます（令和4年の休業を経て閉業）。

日帰り　磐梯熱海温泉 湯元元湯（福島県）

福島県郡山市熱海町熱海4―22

静岡県の熱海温泉と区別して、磐梯熱海温泉といいます。いつ行っても地元の人がたくさん入っています。

単純泉ですが、つるつるして成分の濃い、気持ちのいい泉質です。いかにもアトピーに効きそうです。

横向温泉　中の湯旅館

磐梯熱海温泉 湯元元湯

玉梨温泉　共同浴場（福島県）

福島県大沼郡金山町大字八町字居平

奥会津は、鄙びた個性のある温泉が密集した温泉地帯です。

玉梨温泉は、薄茶色の塩化物―炭酸水素・硫酸塩泉で、特に、川の対岸の共同浴場の建物が質素で渋いです。析出物もすごいです。

3　関東

養老渓谷温泉　川の家（千葉県）

千葉県夷隅郡大多喜町葛藤932

つげ義春氏が訪れて、『貧困旅行記』に描かれていた温泉です。建物は新しいですが、洞窟っぽい浴槽は昔のままとのことです。紅茶色の濃厚な炭酸水素泉が天然ガスとともに湧出しています。インターネット等では、かけ流しにはなって

養老渓谷温泉　川の家

玉梨温泉　共同浴場

いませんが、私が入った限りでは、ほぼ良質のかけ流しと言ってよいと思います。

前野原温泉　さやの湯処（東京都）

東京都板橋区前野町3丁目41番1号

「えっ、これが東京の温泉」という感じの温泉です。含ヨウ素ナトリウム塩化物泉ですが、このうぐいす色はなかなかです。浴槽もいくつかあり、ゆっくり源泉を楽しめます。

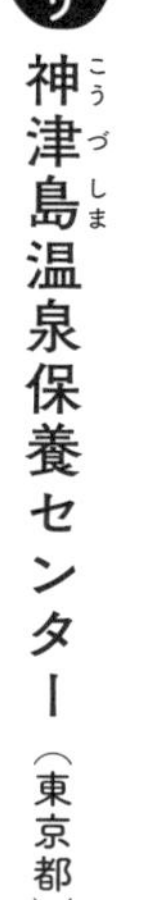

神津島温泉保養センター（東京都）

東京都神津島村字錆崎1－1

伊豆諸島にもいくつか温泉がありますが、この神津島の自然の岩場を利用した温泉は、眺望もさることながら、緑白色のナトリウム―塩化物泉の泉質もかなりのレベルです。

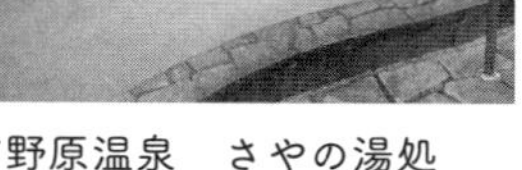

前野原温泉　さやの湯処

神津島温泉保養センター

洞輪沢共同浴場（東京都）

東京都八丈島八丈町末吉

八丈島にある海辺の鄙びた共同浴場です。

湯河原温泉　伊豆屋旅館（神奈川県）

神奈川県足利郡下郡湯河原町宮下615

ナトリウム・カルシウム―塩化物・硫酸塩泉が、ブルーのタイルが鮮やかな露天風呂にかけ流されています。

かぶと湯温泉　山水楼（神奈川県）

神奈川県厚木市七沢2062

神奈川県の温泉とは思えないような秘湯感があります。pHが10・6の強アルカリ性単純泉で、ヌルヌル感があります。肌がすべすべになります。

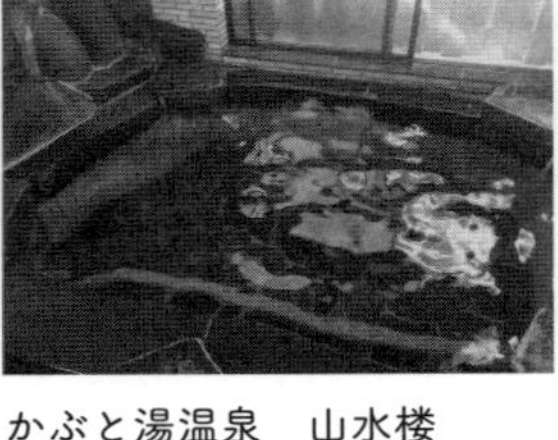

かぶと湯温泉　山水楼

湯河原温泉　伊豆屋旅館

洞輪沢共同浴場

大塚温泉　金井旅館（群馬県）

群馬県吾妻郡中之条町大塚803

25℃くらいのとろみのある柔らかな単純泉が大変快適な温泉です。夏場に最適で、ツルツル感と硫黄臭がします。

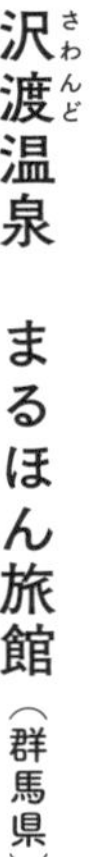

沢渡(さわんど)温泉　まるほん旅館（群馬県）

群馬県吾妻郡中之条町大字上沢渡甲2301

浴場が階段から見下ろせる独特の造りです。浴槽に敷かれた石も大変きれいな色合いで、ナトリウム・カルシウム—塩化物泉は「一浴玉の肌」にふさわしいなめらかな感じで、飲泉もできます。

草津温泉　ての字屋（群馬県）群馬県吾妻郡草津町草津360

湯畑から少し下ったところにある和風の旅館です。

ここの温泉は岩から浸み出る天然岩風呂が素晴らしいです。

草津温泉　ての字屋

沢渡温泉　まるほん旅館

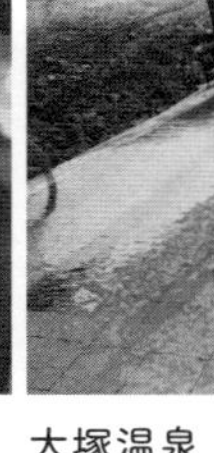

大塚温泉　金井旅館

泉質は一般の草津温泉の硫黄泉よりも濃厚で、とろみがあります。

このように岩から浸み出る源泉がある風呂は、例えば、塩原温泉・元泉館や湯の児温泉・昇陽館など、かなり数が限られています。

やはり温泉は鮮度が重要で、足元湧出温泉やこのような岩から浸み出る温泉は本当に心から温まるし、疲れがとれます。

草津温泉　草津館（群馬県）群馬県吾妻郡草津町草津甲419

草津温泉を代表する湯畑のすぐ近くに位置して、草津名物の湯揉みを実演してくれる建物の隣にある老舗旅館です。湯畑の近くには、このような木造の古き良き旅館が並んでいます。

この旅館の特徴は、白旗源泉と自家源泉の2種類の源泉がかけ流されていることです。白旗源泉以外に敷地内に自噴す

草津温泉　草津舘

る源泉を有しているところが素晴らしいです。

鹿沢温泉　紅葉館（群馬県）　群馬県吾妻郡嬬恋村田代681

緑色がかったかなり濃厚なマグネシウム・ナトリウム―炭酸水素塩泉です。浴場は古くて渋いですが、新館は快適です。

万座温泉　日進館（群馬県）　群馬県吾妻郡嬬恋村干俣2401

ホテルのオーナーの泉堅さんが「愛と平和のメッセンジャー」をキャッチフレーズにする歌手で、毎晩約1時間の歌謡ショーが名物でした（泉さんは2018年に逝去）。

泉質は絶品です。こってりとした白濁した濃厚な硫黄泉は、酸ヶ湯温泉、白骨温泉、鶴の湯温泉、奥塩原温泉に優るとも劣らずです。

浴槽の数も多いですが、木造の古い建物（豊国館）にある内湯が特に素晴らしいです。

鹿沢温泉　紅葉館

万座温泉　日進館

滝沢温泉　滝沢館（群馬県）群馬県前橋市粕川町室沢滝沢241

見かけよりも良い温泉というのがたまにありますが、ここはまさにそれです。25℃くらいの炭酸泉の源泉風呂があり、ひとり入ればいっぱいになりますが、なかなかの泉質で、しかも飲泉も美味いです。

露天風呂は、アブがたくさん飛んで来て危ないので蚊帳をしています。大変珍しいです。また、最寄り駅からはデマンドタクシーを利用できます。

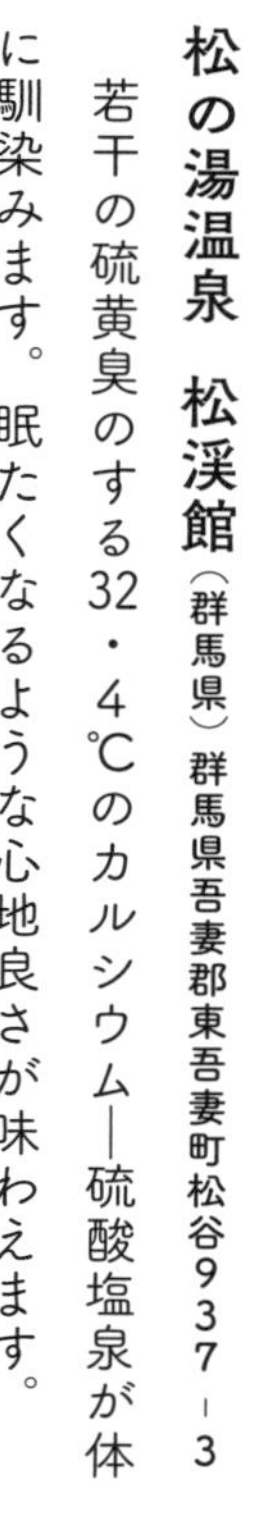

松の湯温泉　松渓館（群馬県）群馬県吾妻郡東吾妻町松谷937-3

若干の硫黄臭のする32・4℃のカルシウム—硫酸塩泉が体に馴染みます。眠たくなるような心地良さが味わえます。

一日に1組だけだとこの良質の源泉を独占できるのですが、2組宿泊者がいると、入る時間帯を調整することになります。

滝沢温泉　滝沢館

松の湯温泉　松渓館

法師（ほうし）温泉　長寿館（群馬県）群馬県利根郡みなかみ町永井650

木造の浴槽だけでなく、建物全体も絵になる温泉です。すべてが足元湧出ではなく、温泉をつぎ足してはいますが、ナトリウム、カルシウム、カルシウム―塩化物泉はツルツルすべすべです。

塩原温泉　明賀屋本館（栃木県）栃木県那須塩原市塩原353

階段を降りていくと、川沿いに絵になる露天風呂があります。

ナトリウム―塩化物泉ですが、緑白色のきれいな色で、非常に風光明媚な温泉です。

塩原元湯温泉　大出館（栃木県）

栃木県那須塩原市湯本塩原102

法師温泉　長寿館

塩原温泉　明賀屋本館

塩原温泉の奥にあり、近くのゑびす屋、元泉館とともに、私は、塩原元湯秘湯トリオと勝手にネーミングしていますが、いずれも甲乙つけ難い泉質の良い温泉です。

白濁した硫黄泉は他の2旅館とおおむね同じですが、この旅館には湯の色が真っ黒な墨の湯があります。臭いも何となく墨の臭いがします。全国でもおそらくここだけであろうと思われる珍しい泉質です。

鬼怒川温泉　鬼怒川仁王尊プラザ（栃木県）

栃木県日光市鬼怒川温泉大原371－1

大型ホテルが多く、良質のかけ流しがやや少ない感じの温泉地ですが、ここはぬるめのヌルヌル感のあり、とろみのある単純泉がかけ流されており、なかなかの泉質です。

塩原元湯温泉　大出館

鬼怒川温泉　鬼怒川仁王尊プラザ

奥鬼怒温泉　八丁の湯（栃木県）栃木県日光市川俣876

滝をいろんな角度から見つつ入浴できる、豪快な露天風呂が素晴らしいです。

泉質は硫黄泉ですが、中性のため湯が柔らかく、刺激が少ないです。新鮮でダイレクトに温泉の素晴らしさを感じることができる温泉です。

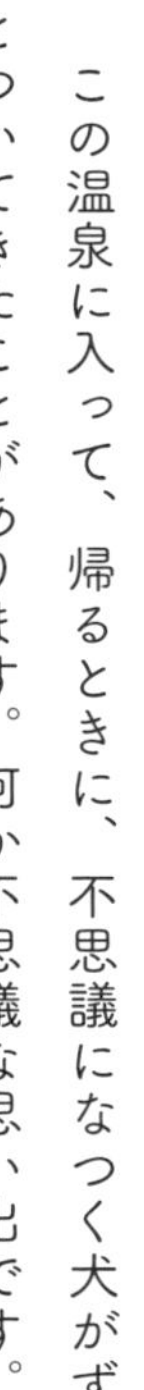

この温泉に入って、帰るときに、不思議になつく犬がずっとついてきたことがあります。何か不思議な思い出です。

奥鬼怒温泉　加仁湯（栃木県）栃木県日光市川俣871

白濁の硫黄泉です。自然の中の広くて開放的な浴槽にかけ流されています。

奥鬼怒温泉　加仁湯

奥鬼怒温泉　八丁の湯

4　中部

佐野川温泉（山梨県）山梨県南巨摩郡南部町井出３４８２－１

エメラルド色の目に鮮やかな泡付きの硫黄泉です。

ぬるめの源泉風呂は、長湯ができて、素晴らしいです。

増富ラジウム温泉　不老閣（山梨県）

山梨県北杜市須玉町小尾６６７２

温泉は、薄茶色で、金属臭の独特の臭いがあります。

この温泉の特徴は、何といっても、ラジウムの含有量です。ラジウムは、放射線の一種で、本来は人体に悪いものですが、少量であれば、体の新陳代謝を活発にして、免疫力も高めてくれる効能豊かな温泉です。

夕方の早い時間に簡単な食事を済ませ、20℃くらいの「冷

佐野川温泉

増富ラジウム温泉　不老閣

たい」湯に入ります。ラジウムの効能のせいか、身体の芯から何ともいえない熱さがほてってきます。

奈良田温泉　白根館（山梨県）山梨県南巨摩郡早川町奈良田344

昔、孝謙天皇がやって来て、八幡社に願掛けしたら温泉が湧いたという温泉です。

ナトリウム――塩化物泉はぬるめでとろみとヌルヌル感があって、少し硫黄臭がします。ミネラルをたくさん含んでいるなという感じの素晴らしい泉質です。

草津温泉（山梨県）山梨県甲府市上石田1―10―12

甲府市内にあるのに、草津温泉という名前です。甲府市内の他の温泉と異なり、緑がかった硫黄泉です。

草津温泉

奈良田温泉　白根館

日帰り

韮崎旭温泉（山梨県）山梨県韮崎市旭町上條中割391

ナトリウム—塩化物・炭酸水素塩泉がかけ流されています。炭酸も相当含まれています。エメラルド色のぬるめの温泉に入ると、肌がツルツルになります。

松川渓谷温泉　滝の湯（長野県）長野県上高井郡高山村奥山田3681—377

混浴の露天風呂は開放感があり爽快です。カルシウム・ナトリウム—硫酸塩・塩化物泉で、湯量も多いです。

中房温泉（長野県）長野県安曇野市穂高有明7226

日本アルプスの中腹に位置し、登山客も多く訪れる山奥の秘湯です。浴槽は数個あるので長時間いても飽きないです。硫黄泉で、湯量の多い温泉ワールドです。

韮崎旭温泉

松川渓谷温泉　滝の湯

中房温泉

源泉のほとんどの温度が90℃以上の高温で、その全ての温泉を「加水・加温」をせずに温泉を冷却し、温度を適温に下げています。

熊の湯温泉（長野県）長野県下高井郡山ノ内町平穏7148

昔、小熊が傷を癒しているところを発見したため、熊の湯温泉と名づけられたそうです。

硫化水素泉は季節や気温などによって色が変わり、透明の緑から乳緑色まで変化します。露天風呂もいいですが、内湯も雰囲気があって素晴らしいです。

この温泉は成分が濃いせいか、入るとかなり疲れます。

戸倉上山田温泉　千曲館（長野県）

長野県千曲市上山田温泉1丁目33－4

硫黄泉は時間とともに、緑色から白色まで色が変わります。

熊の湯温泉

戸倉上山田温泉　千曲館

源泉の成分の濃さを感じることのできる旅館です。

戸倉上山田温泉　国民温泉（長野県）

長野県千曲市大字戸倉字芝宮2228－2

建物も浴槽もレトロで素晴らしい。硫黄泉ですが、あまり硫黄分は強くなく、長湯のできる温泉です。

屋敷温泉　秀清館（長野県）長野県下水内郡栄村屋敷

中津川渓谷の秋山郷は、平家の里と言われている秘境です。ピリッとする硫黄泉です。内湯は鮮やかなエメラルドグリーンになっていますが、露天風呂は透明だったり白濁したり変化します。

小谷温泉　山田旅館（長野県）

住所長野県北安曇郡小谷村中土18836

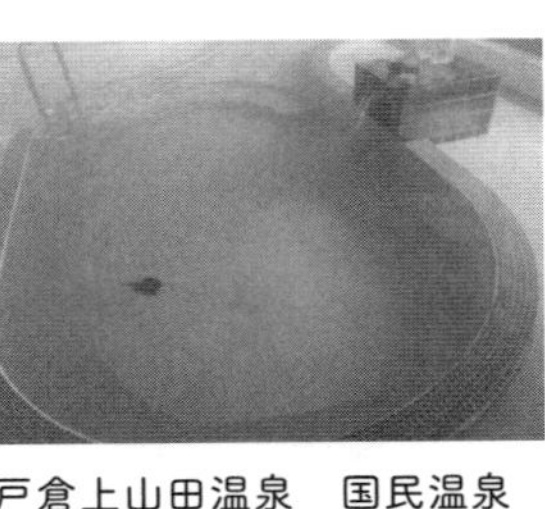

戸倉上山田温泉　国民温泉

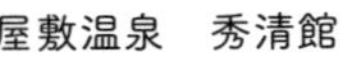

屋敷温泉　秀清館

糸魚川から信野大町までを行く大糸線に南小谷駅があり、そこからバスで約1時間ほどの場所にあります。山の中にある静かな温泉です。

建物は、ひと昔前にタイムスリップしたかのようなレトロな木造、赤い屋根が印象的です。

泉質は緑白色の炭酸水素塩泉です。内風呂がひとつだけで、上から源泉がドバドバと滝のように落ちています。

野沢温泉　さかや（長野県）

長野県下高井郡野沢温泉村豊郷9329

野沢温泉は、同じ長野県の渋温泉と並んで、共同湯巡りが盛んです。

その共同湯の中心が大湯で、その隣が、さかやです。

建物は近代的な感じですが、この旅館は浴槽と泉質が素晴らしいです。浴槽は木造で、熱い源泉を適温にするための樋（とい）

小谷温泉　山田旅館

野沢温泉　さかや

が設けられています。泉質は硫黄泉ということになっていますが、金属臭がして、少し青みがかった独特な泉質です。共同湯にも勝るとも劣らない温泉が堪能できる旅館です。

日帰り

白馬八方温泉　おびなたの湯（長野県）

長野県北安曇郡白馬村北城9346－1

日本一のアルカリ度を誇る温泉です。確かに、皮脂がとれるような独特の感じがします。

上諏訪温泉　大和温泉（長野県）

長野県諏訪市小和田17－5

地元の方しか入れない平湯の裏にあり、入口は少し分かりにくいです。ステンレスの浴槽にエメラルドグリーンの硫黄泉が美しいです。

上諏訪温泉　大和温泉

白馬八方温泉　おびなたの湯

日帰り　田沢温泉　有乳湯（うちゆ）（長野県）

長野県小県郡青木村大字田沢2700

有乳湯という名前ですが、乳白色の温泉ではなく、透明の硫黄泉です。子宝の湯として有名で、ヌルヌル、ツルツル感が強いです。とにかく温泉が柔らかくて細やかで、源泉に包まれる感じがする不思議な温泉です。

白骨温泉　泡の湯（長野県）

長野県松本市安曇4181

白骨温泉は古来より「3日入れば、3年風邪をひかない」とも伝わる、効能の高い温泉です。

お湯は乳白色で、お肌にやさしい弱酸性です。炭酸分が多く含まれているため、きめ細やかな気泡が身体につく湯です。

露天風呂は広く開放的で、女性の方でも安心して入浴できると思います。

田沢温泉　有乳湯

白骨温泉　泡の湯

小赤沢温泉　楽養館（長野県）長野県下水内郡栄村大字堺18210

濃厚な赤褐色の含鉄・ナトリウム－塩化物泉です。まさに「赤い温泉」です。

湯原（ゆはら）温泉　猫鼻の湯

長野県安曇郡小谷村大字北小谷字道筋3634－2

質素な手作り感が半端ない風情のある建物です。黄色がかったナトリウム・カルシウム・マグネシウム―塩化物泉の泉質もしっとり感があり、良い温泉です。

咲花（さきはな）温泉　柳水園（新潟県）

新潟県五泉市大字佐取7241

含硫黄―ナトリウム・カルシウム―塩化物・硫酸塩泉で、エメラルドグリーンが大変きれいです。入った瞬間ピリッとします。

源泉の成分の濃さを感じる良い温泉です。近くの月岡温泉

小赤沢温泉　楽養館

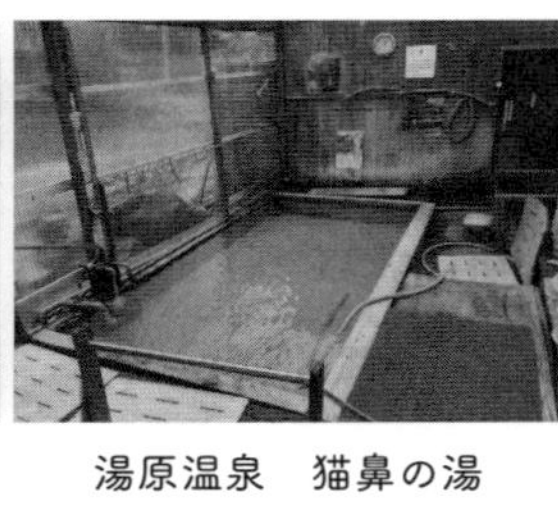

湯原温泉　猫鼻の湯

咲花温泉　柳水園

の源泉に似ています。

咲花温泉　望川閣（新潟県）新潟県五泉市佐取2869

良質の硫黄泉です。浴槽へかけ流す源泉の量を調整することで温度を変えて、浴槽の温泉の色をエメラルドグリーン、白色、透明に変えています。温泉を色で楽しめる旅館です。

五十沢（いかさわ）温泉　ゆもとかん（新潟県）新潟県南魚沼市宮17−4

良い感じに鄙びた温泉で、刺激の少ない肌に優しいぬるめの硫黄泉をじっくり楽しむことができます。

清津峡温泉　清津館（新潟県）新潟県十日町市小出癸2126−1

かなり交通が不便なところに、さらりとした感じの透明の硫黄泉がかけ流されています。川沿いの露天風呂も爽快です。

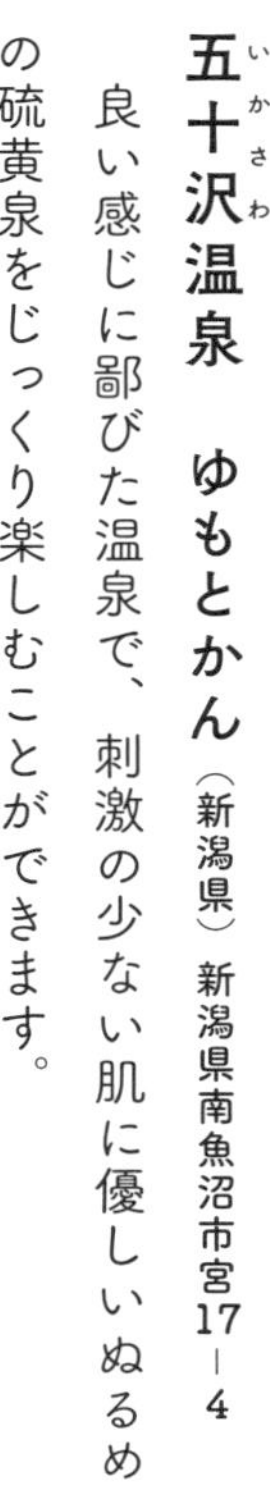
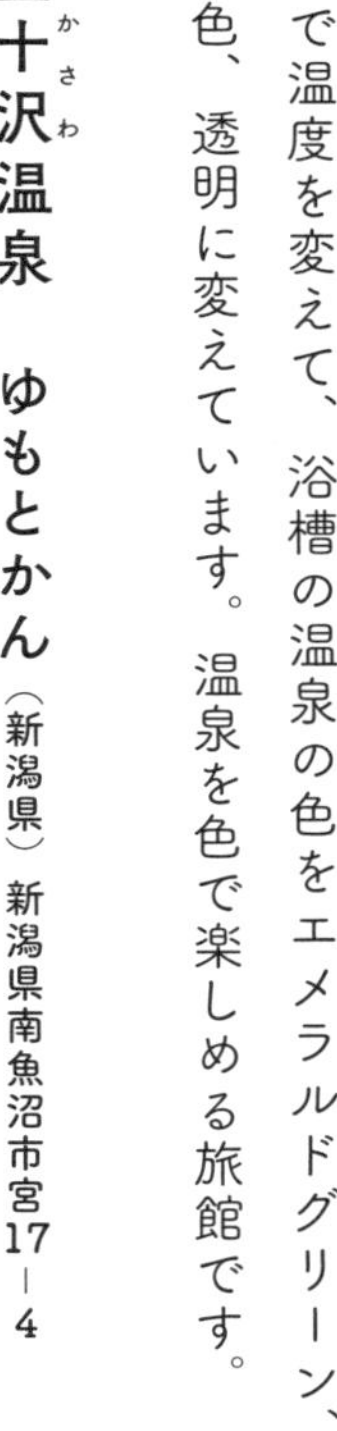

清津峡温泉　清津館　五十沢温泉　ゆもとかん　咲花温泉　望川閣

松之山温泉　みよしや（新潟県）新潟県十日町市松之山湯本19－1

日本三大薬湯と言えば、草津、有馬と、ここ松之山温泉です。深めの浴槽に、ホウ酸含有量日本一のナトリウム・カルシウム――塩化物泉がかけ流されています。

浴室に入った瞬間に石油と薬品の混じったような独特の臭気がします。約1000万年前の化石海水の有難さを実感できます。自炊もできる湯治場的な旅館です。

逆巻温泉　川津屋（新潟県）新潟県中魚沼郡津南町結東丑84－1

洞窟風呂が心身ともにリラックスできます。ぬるめのナトリウム・カルシウム－塩化物硫酸塩泉が身体に染み込むような感じです。

平山温泉　龍泉荘（静岡県）

静岡県静岡市葵区平山136－2

逆巻温泉　川津屋

松之山温泉　みよしや

石段を降りて行くと玄関があります。

深めの浴槽に、ぬるめの柔らかい硫黄泉がかけ流されています。

コップが置かれており、飲泉するとまろやかな硫黄泉の風味がします。建物も歴史があり、いつまでも残っていてほしいです。

梅ヶ島温泉　梅薫楼（静岡県）

静岡県静岡市葵区梅ヶ島5258－4

静岡県からバスで1時間50分ほどのかなりの秘境にあります。このような山の奥に施設が10軒くらいあるのが不思議な感じがするような所です。

この旅館は源泉を樽風呂にかけ流しています。やはり源泉と沸かし湯とでは泉質が変わってしまうのがよく分かります。

このように、源泉湯量がさほど多くなくても源泉風呂を備え

平山温泉　龍泉荘

梅ヶ島温泉　梅薫楼

てくれているところが素晴らしいと思います。

熱海温泉　日航亭大湯（静岡県）

静岡県熱海市上宿町5－26

熱海には日帰り入浴施設がいくつかありますが、熱海温泉のナトリウム・カルシウム―塩化物泉をじっくりと味わえるのはここがベストではないかと思います（令和5年閉業）。

熱海温泉　竜宮閣（静岡県）静岡県熱海市田原本町1－14

やはり古い温泉は、浴槽も泉質も良いです。じっくり熱海の塩化物泉が楽しめます。

伊豆山温泉　浜浴場（静岡県）

静岡県熱海市伊豆山浜579－37

伊豆山温泉は熱海温泉の近くにありますが、伊豆の走り湯

熱海温泉　日航亭大湯

熱海温泉　竜宮閣

と言われ、歴史的にも古いところです。少し苦い感じのカルシウム・ナトリウム塩化物泉で、熱海温泉とは泉質が違います。

共同湯は、熱めとぬるめに分けられており、地元の方が比較的親切な感じを受ける共同湯です。

伊東温泉　大東館（静岡県）

静岡県伊東市末広町2―23

素泊まり旅館です。風呂好きの旅館というだけあって、6つの浴槽のいずれも、敷地内から湧出した源泉が大量にかけ流されています。貸し切り露天風呂と太平洋戦争当時の防空壕を通っていく釜湯が素晴らしいです。

伊東温泉　梅屋旅館（静岡県）

静岡県伊東市猪戸1―6―5

山から引いているナトリウム・カルシウム―硫酸塩・塩化

伊豆山温泉　浜浴場

伊東温泉　大東館

伊東温泉　梅屋旅館

物泉の浴槽とその源泉、敷地内から湧出している塩湯をブレンドしている浴槽の2つの泉質が楽しめます。

どちらも濃い泉質で、温泉力の高い旅館です。

日帰り 大澤温泉　山の家（静岡県）

静岡県賀茂郡松崎町大沢川之本445－4

露天風呂しかない日帰り温泉施設で、かなりのツルツル、スベスベ感がある炭酸水素塩泉が底から直に湧いています。

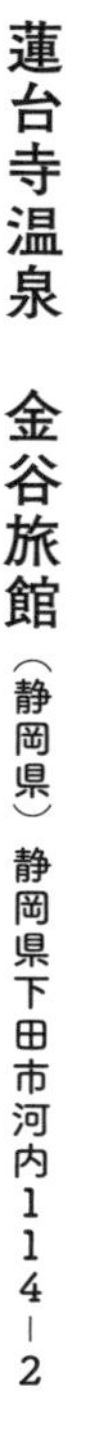

蓮台寺温泉　金谷旅館（静岡県）

静岡県下田市河内114－2

酸ヶ湯温泉と同じ「千人風呂」という名前の内湯を持っています。木造の浴槽はかなり大きく、そして深さがあります。相当の湯量が必要と思われますが、自家源泉から引湯しているとのことです。

泉質は、アルカリ性単純泉です。お湯にとろみがあり、肌

大澤温泉　山の湯

蓮台寺温泉　金谷旅館

がつるつるになるのが、はっきりと分かる泉質です。

湯ヶ野温泉　福田屋（静岡県）

静岡県賀茂郡河津町湯ヶ野236

榧（かや）風呂という、明治の初め頃に造られた浴槽がそのまま残っています。タイルのデザインにたいへん風情があります。貸切風呂を独占して、柔らかいナトリウム・カルシウム―硫酸塩泉に入れるのは無上の幸せです。

川端康成氏が『伊豆の踊り子』を執筆した旅館として有名です。

松崎温泉　長八の宿 山光荘（静岡県）

静岡県賀茂郡松崎町松崎284

カルシウム・ナトリウム―硫酸塩泉で、湯量はさほど多くはありませんが、湯口にカルシウム分が付着している良い泉質です。

湯ヶ野温泉　福田屋

松崎温泉　長八の宿山光荘

長八の間は、つげ義春氏が泊まった部屋で、漫画にこの旅館の風景が出て来ます。何となく不思議なムードのある部屋です。

日帰り 昭吉の湯（静岡県）

静岡県下田市横川1066－24

内風呂や貸切風呂を備えたpH9・5のアルカリ性単純泉で、メタケイ酸を豊富に含む泉質の日帰り温泉施設です。近くの観音温泉と同様、滑りそうになるくらいのツルツル度です。ここは気遣いというかサービスがかなり良いです。

日帰り 湯ヶ島温泉　世古の湯（静岡県）

静岡県伊豆市天城湯ヶ島1964

伊豆では珍しく100円で入れる、かなりレトロで渋い共同湯です。

よく暖まり保湿性に優れた、カルシウム・ナトリウム―硫

昭吉の湯

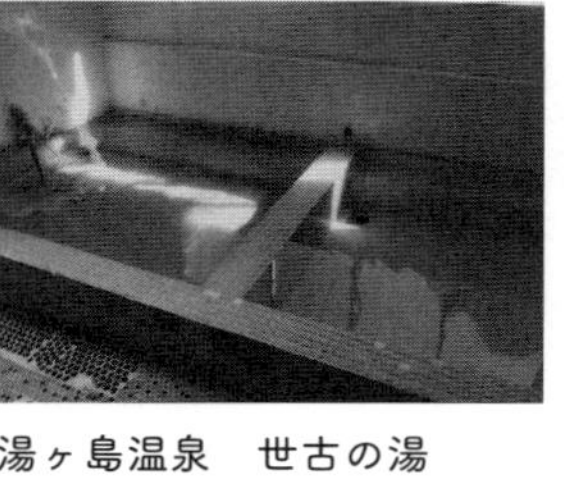

湯ヶ島温泉　世古の湯

酸塩泉です。

日帰り
倉真赤石温泉（静岡県）
静岡県掛川市倉真赤石5986

片道15分くらいかかるのに、持田さん（経営者の方）が掛川駅まで送り迎えしてくれました。おそらく日本一親切な日帰り旅館だと思います。

かなり山の中にある秘湯で、湯の花が大量に混じった硫黄泉です。肌がつるつるすべすべになります。

寸又峡温泉　町営露天風呂（静岡県）
静岡県榛原郡川根本町寸又峡温泉

かなりの秘境にあります。

ぬるめのつるつる感のある単純硫黄泉が爽快です。

冷川温泉　ごぜんの湯（静岡県）
静岡県伊豆市冷川999－2

冷川温泉　ごぜんの湯　寸又峡温泉　町営露天風呂　倉真赤石温泉

カルシウム・ナトリウム―硫酸塩泉が内風呂と露天風呂にかけ流されています。しっとりする良い泉質。建物も浴槽もかなり手作り感があり、個性的な温泉です（令和2年閉業）。

金太郎温泉（富山県）富山県魚津市天神野新6000番地

富山県の魚津市にあるレジャーランド的な温泉ですが、ここは硫黄を含んだナトリウム・カルシウム―塩化物泉で、しかも還元力が強いとのことです。

青白い温泉で、入ると気泡が体に付いて、温泉の活力が感じられる温泉です。

湯川温泉　竜王閣（石川県）石川県七尾市湯川町47―35―1

体感的には、日本一の高張泉で、入った瞬間ピリッとします。塩分等の成分が濃厚すぎるので一部循環していますが、それが全く気になりません。

金太郎温泉

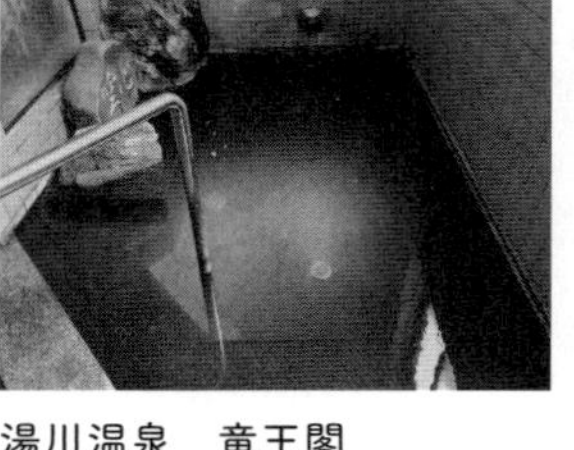

湯川温泉　竜王閣

日帰り 白山すぎのこ温泉（石川県）

石川県白山市佐良タ121

工房の中にある温泉です。あまり熱くはありませんが、不思議によく暖まる温泉だと、地元の方が言っておられました。全くそのとおりです。

柔らかいアルカリ性単純泉が大量にかけ流されており、浴槽も渋いです。

福地温泉　元湯 孫九郎（岐阜県）

岐阜県高山市奥飛騨温泉郷福地1005

この旅館は4本の自家源泉を持っています。

露天風呂では、温度の異なる源泉をブレンドすることで湯の鮮度を損なうことなく温度調整をしており、源泉の硫黄分と鉄分が反応することで、珍しい緑白色のにごり湯になっています。

白山すぎのこ温泉

福地温泉　元湯 孫九郎

奥飛騨ガーデンホテル焼岳（岐阜県）

岐阜県高山市奥飛騨温泉郷一重ヶ根2498—1

洞窟風呂から立湯までさまざまな浴槽がありますが、やはり、露天でエメラルドグリーンがきれいなうぐいすの湯が素晴らしいです。

古代ソマチットが含まれているとか。飲泉もできるので、口に含むと確かに独特の風味です。泉質はナトリウム—炭酸水素塩・塩化物泉です。

新穂高温泉　水明館　佳留萱山荘（岐阜県）

岐阜県高山市奥飛騨温泉郷神坂555

露天風呂はとても広く景色もたいへん綺麗なことで有名です。単純泉とのことですが、薄い緑色で少し金属臭がしました。

混浴をあまり感じさせないような広々とした露天風呂で、

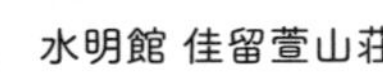

新穂高温泉　水明館 佳留萱山荘

奥飛騨ガーデンホテル焼岳

女性の姿もよく見かけます。

荒城温泉　恵比寿之湯（岐阜県）

岐阜県高山市丹生川町折敷地415

ナトリウム・カルシウム―炭酸水素塩泉で、沸かし湯は濃い茶色に濁っています。成分はかなり濃いです。源泉の浴槽は20℃くらいで炭酸がかなり体につきます。泉質の良さを感じる温泉です。

5 関西

山海空温泉（大阪府）

大阪府豊能郡能勢町下田尻801

大阪にこれほど硫黄臭のする温泉があることに驚かされます。あつめ、ぬるめ、ステンレスの源泉浴槽があります。夏場は源泉浴槽がお勧めです。かなり冷たいです。

荒城温泉　恵比寿之湯

山海空温泉

上湯温泉　神湯荘（奈良県）奈良県吉野郡十津川村字出谷220

柔らかくて、少しトロ味のあるナトリウム―炭酸水素塩泉です。宿から少し下ったところにある川沿いの露天風呂が秀逸です。

有馬温泉　上大坊（兵庫県）兵庫県神戸市北区有馬町1175

金泉は妬（うわなり）源泉から直接引いていて、濃度は大変濃いです。金泉の茶色の濃さが他の有馬温泉の湯とは異なり、しかも堆積物があります。

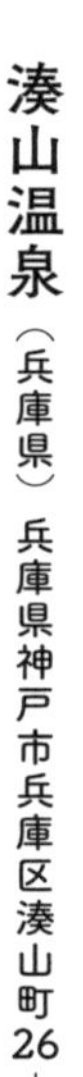

湊山温泉（兵庫県）兵庫県神戸市兵庫区湊山町26―1

源泉は透明の含二酸化炭素・ナトリウム・カルシウム―炭酸水素・塩化物泉で、沸かすと茶色の濁り湯になります。「神戸市内にこんな温泉が」という感じで、何と朝5時から営業しています。

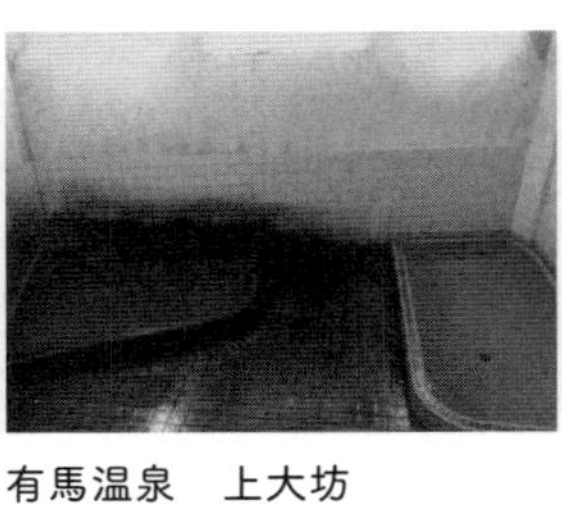

湊山温泉

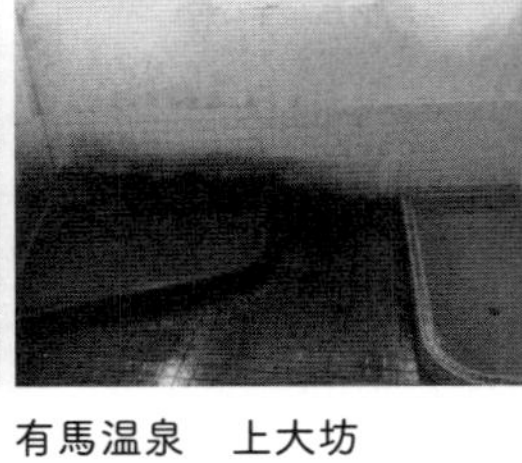

有馬温泉　上大坊

上湯温泉　神湯荘

日帰り **灘温泉　六甲道店**（兵庫県）

兵庫県神戸市灘区備後町3丁目4番地

炭酸泉のかけ流しが素晴らしいです。灘温泉水道筋店も同じく炭酸泉のかけ流しです。神戸市内で、これほどの泉質の源泉に入れることが奇跡です。

六甲おとめ塚温泉（兵庫県）神戸市灘区徳井町3—4—14

ナトリウム―炭酸水素塩・塩化物泉です。源泉風呂は炭酸ガスが身体に付着して、かなりヌルヌル感があります。泉質のレベルが高いです。

蓬莱湯（兵庫県）兵庫県尼崎市道意町2丁目21番2

尼崎市にあります。単純泉ということですが、薄いコーヒー色でツルツル感が高いです。湯口から勢いよく源泉が吹き上がっているのが好印象です。

蓬莱湯

六甲おとめ塚温泉

灘温泉　六甲道店

日帰り　クア武庫川（兵庫県）兵庫県西宮市笠屋町３－10

青緑色のナトリウム―塩化物泉で塩分と炭酸を大量に含んだ良泉です。

凝固物も凄く、温泉成分の濃い温泉です。

龍神温泉　坂井屋（和歌山県）和歌山県田辺市龍神村龍神56

循環風呂が多い龍神温泉の中で、貴重なかけ流しです。アルカリ性単純泉で少しとろみのある、かなり良い泉質です。

湯の峰温泉　あづまや（和歌山県）

和歌山県田辺市本宮町湯の峰１２２

新宮市からバスで１時間半ほどの場所にあります。

近くにはつぼ湯があります。

浴槽は木造で、大変風情があります。湯の花がたくさん含まれている、温泉臭の香りの良い温泉です。

湯の峰温泉　あづまや

龍神温泉　坂井屋

クア武庫川

含硫黄・ナトリウム―炭酸水素塩泉です。無色透明ですが、硫黄の濃度はかなり高く、ずっしりくる温泉です。

花山温泉（和歌山県）

和歌山県和歌山市鳴神574

和歌山の市街地にある温泉です。泉質は、含二酸化炭素、鉄・カルシウム・マグネシウム―塩化物泉で、源泉は炭酸と鉄分を含んだシュワッとする感じの冷泉です。加温すると、こってりとした茶色のクリーミーな温泉になります。大変濃い温泉です。

日帰り 白浜温泉　牟婁の湯（和歌山県）

和歌山県西牟婁郡白浜町湯崎1665

行幸湯（ナトリウム―塩化物・炭酸水素塩泉）、砿湯（まぶゆ）（ナトリウム―塩化物泉）という白浜温泉を代表する2種類の源泉に入ることができます。

花山温泉

白浜温泉　牟婁の湯

白浜温泉　民宿望海（和歌山県）

和歌山県西牟婁郡白浜町２３２４－２

ツルツル感のあるナトリウム―炭酸水素塩・塩化物泉です。甘露の湯という、白浜温泉でも珍しい源泉を引いています。飲泉も美味しいです。

日帰り　白浜温泉　崎の湯（和歌山県）

和歌山県西牟婁郡白浜町１６６８

満潮で波が荒いと海水のしぶきが飛んで来そうです。白浜の源泉が白く薄く濁って、海水とのコントラストがきれいで、ビジュアル的にも大変優れた温泉です。

夏山温泉　もみじ屋（和歌山県）

和歌山県東牟婁郡太地町湯川夏山３８３０

無白透明の硫黄泉が小さめの浴槽に勢いよくかけ流されて

白浜温泉　民宿望海

白浜温泉　崎の湯

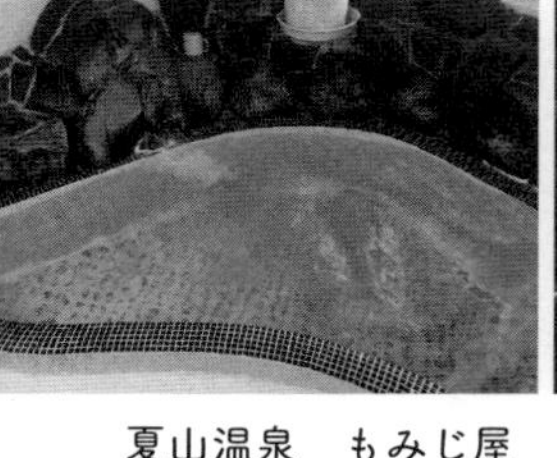

夏山温泉　もみじ屋

います。入るとザブーンという感じで源泉が溢れて、洗面器が浮きます。

6 中国・四国

桃太郎温泉（岡山県）岡山県岡山市北区牟佐2915−1

JR岡山駅から車で20分くらいの、岡山市内では珍しいかけ流しです。地下1500メートルを掘削して掘り当てた源泉は、炭酸を含む良質なアルカリ性単純泉です。

少し硫黄臭がして、体に泡がつきます。

郷禄（ごうろく）温泉（岡山県）岡山県真庭市本庄712

底からぬるめのアルカリ性単純泉が直に湧いています。やや青光りした感じの源泉です。

桃太郎温泉

郷禄温泉

真賀（まが）温泉　（岡山県）岡山県真庭市仲間181

殿様が幕を張って入ったとされる混浴の幕湯があります。近くの旅館に宿泊した人が、この温泉の湯に入りに来ます。アルカリ性単純泉ですが、とろみがあって、良い泉質です。

湯郷（ゆのごう）温泉　療養湯　（岡山県）岡山県美作市湯郷595－1

岡山県にもこんな泉質の良い温泉があったのかと思えるくらいの塩化物泉です。少し硫黄臭があり、体に炭酸成分が付着します。飲泉場もあります。

湯原温泉　砂湯温泉　（岡山県）岡山県真庭市湯原温泉

露天風呂の西の横綱と言われている温泉です。砂底からアルカリ性単純泉が湧出しています。女性は湯浴みを着ることになっていて、「明るい混浴」を目指しています。

真賀温泉

湯郷温泉　療養湯

湯原温泉　砂湯温泉

湯原温泉　油屋（岡山県）岡山県真庭市湯原温泉27

木造の建物の立派さもさることながら、地下にある薬王の湯のアルカリ性単純泉の泉質が濃い感じがします。ツルツル、スベスベ感が強いです。

皆生（かいけ）温泉　海潮園（鳥取県）鳥取県米子市皆生温泉3－3－3

皆生温泉には、保湿効果に優れた良質の塩化物泉が湧いています。

皆生温泉の中では、比較的規模が小さい旅館ですが、浴槽に比べて湯量が多く、泉質の良さを感じます。

東郷温泉　寿湯（鳥取県）鳥取県東伯郡湯梨浜町

散髪屋さんで200円を支払って狭い入口を入って行きます。熱めの含弱放射能――ナトリウム――塩化物・硫酸塩泉で、シャキッとします。

湯原温泉　油屋

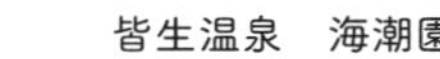

皆生温泉　海潮園

東郷温泉　寿湯

玉造温泉　長楽館（島根県）

島根県松江市玉湯町玉造323

100人くらいは入れそうな広大な露天風呂に柔らかな塩化物泉がごうごうとかけ流しされていています。

露天風呂は混浴ですが、あまりにも広いので、女性も安心して入ることができます。混浴とは言っても、女性の入口は別なので、全く問題はありません。

この露天風呂では、飲泉もでき、飲泉もかなりレベルが高いです。

小屋原温泉　熊谷（くまがい）旅館（島根県）

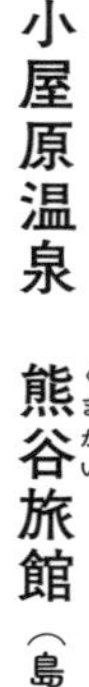

島根県大田市三瓶町小屋原1014－1

赤茶色で金属臭のする炭酸水素塩泉で、皮膚に細かい泡が大量に付着します。

部屋数が5つもないのに、部屋ごとに区切られた赤茶色に変色した浴槽が4つもあり、しかも、そのそれぞれに源泉が

玉造温泉　長楽館

小屋原温泉　熊谷旅館

大量にかけ流されています。

湯抱（ゆがかえ）温泉　中村旅館（島根県）

島根県邑智郡美郷町湯抱315―3

緑白色のナトリウム―塩化物・炭酸水素泉です。カルシウム成分が大変濃くて折出物がすごいです。歩くと足の裏が痛いです。薪をたいて源泉を沸かしています。

日帰り　出雲湯村温泉　元湯（島根県）

島根県雲南市木次町湯村1336

ぬるめのヌルヌル感のある、無色透明のさらりとしたアルカリ性単純泉です。長湯ができる良い温泉です（現在閉鎖中）。

日帰り　池田ラジウム鉱泉　放泉閣（島根県）

島根県大田市三瓶町池田2660―2

少し青みがかった金属臭のする温泉です。ラジウム含有量

池田ラジウム鉱泉 放泉閣

出雲湯村温泉　元湯

湯抱温泉　中村旅館

が世界一とも言われています。コックをひねると源泉が出てきますが、かなり炭酸を含んでいます。ぬるめの温泉ですが、しばらく入っていると体がホカホカしてきます。

有福温泉　御前湯（島根県）島根県江津市有福温泉町710

大正ロマン的なレンガ造りの建物の中に、青色のきれいなタイルの浴槽があります。柔らかくて少しとろみのあるアルカリ性単純泉がかけ流されており、落ち着けます。

川棚温泉　小天狗（山口県）山口県下関市豊浦町大字川棚5153

山口県の温泉は、保健所の塩素殺菌への圧力が強い感じで、本物のかけ流しが少ないような感じがしますが、ここはあまり塩素殺菌を感じさせません。

ナトリウム―塩化物泉の源泉がかけ流されていて、硫化水素の香りと源泉本来の柔らかさを味わえます。

有福温泉　御前湯

川棚温泉　小天狗

土佐龍温泉　三陽荘（高知県）

高知県土佐市宇佐町竜504―1

四国八十八箇所の青龍寺の近くにある温泉で、ナトリウム・カルシウム―塩化物泉です。湯は茶色に濁っていますが、露天の壺湯は青みがかった源泉がかけ流されており、泉質は四国とは思えないほどレベルが高いです。

7　九州

大川温泉　緑の湯（福岡県）

福岡県大川市中八院241―1

フルボ酸を含むモール泉というのは大変珍しいそうです。加温していない源泉風呂が素晴らしいです。ナトリウム―炭酸水素泉です。フルボ酸の還元力のせいでしょうか、釘を入れてもほとんど錆びないし、野菜も腐りにくいとのことです。ツルツル、スベスベ感が強く、良い泉質です。

大川温泉　緑の湯

土佐龍温泉　三陽荘

日帰り　二日市温泉　博多湯（福岡県）

福岡県筑紫野市湯町1丁目14―5

二日市温泉の共同湯には、博多湯と御前湯があります。博多湯はかけ流しですが、御前湯は循環風呂です。2つの共同湯に入れば、かけ流しがいかに素晴らしいかが分かります。

博多湯は単純温泉ですが、硫黄臭があり、肌に泡が付着する新鮮な良い泉質です。湯量も多く、ぬる湯なので、長く入れます。

日帰り　船小屋温泉　恋ぼたる館（福岡県）

福岡県筑後市大字尾島298―2

マグネシウム・ナトリウム―炭酸水素塩泉です。源泉風呂は20℃くらいの冷泉ですが、炭酸が豊富なので、しばらくするとぽかぽかしてきます。

湯の表面に凝固分が浮いているほどの濃い泉質です。

二日市温泉　博多湯

船小屋温泉　恋ぼたる館

あおき温泉（福岡県）

福岡県久留米市城島町上青木366－1

入った瞬間に体に源泉の膜が張ったようなヌルヌル感がして、驚きます。やや緑色がかった含硫黄ナトリウム―塩化物泉です。

日帰り

遠賀川温泉（福岡県）

福岡県遠賀郡遠賀町浅木61－1

田んぼの中にある温泉です。濃いオレンジ色が目に鮮やかで、鉄分はかなり濃厚です。

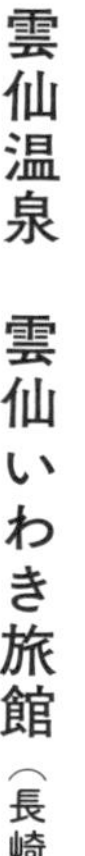

雲仙温泉　雲仙いわき旅館（長崎県）

長崎県雲仙市小浜町雲仙318

内風呂に源泉がかけ流されています。夕方は白濁して、朝は透明に近い感じになっていて、温泉は生きていることを感じさせてくれます。

雲仙温泉 雲仙いわき旅館

遠賀川温泉

あおき温泉

この旅館は、雲仙では珍しく、敷地内に自家源泉を持っており、酸性・含硫黄―アルミニウム―硫酸塩泉をかけ流しています。

日帰り 小浜温泉　脇浜共同浴場（長崎県）

長崎県雲仙市小浜町南本町7

おたっしゃん湯と呼ばれています。

青と緑のタイルが美しく、飲泉可能な共同湯です。レトロな木造の風情のある共同湯です。

地元の人はこのかなり熱い塩化物泉の湯にも平気で入っています。

日帰り 塚原温泉　火口乃泉（大分県）

大分県由布市湯布院町塚原1235番地

酸性―含鉄（Ⅱ、Ⅲ）・アルミニウム―硫酸塩泉です。

塚原温泉　火口乃泉

小浜温泉　脇浜共同浴場

さまざまな金属が強酸性の源泉に溶け込んでおり、大変重たい感じの源泉で、入っていると疲れます。

 高崎山温泉　おさるの湯（大分県）

大分県由布市狭間町高崎628－1

紅茶色のアルカリ性単純泉が開放的な露天風呂にかけ流されています。湯量の多さとツルツル感がすごいです。

鉄輪温泉　双葉荘（貸間）（大分県）

大分県別府市鉄輪東6組

鉄輪独特の湯治場です。湯治客が自炊するための蒸し釜があります。

別府温泉　ホテル三泉閣（大分県）

大分県別府市北浜3丁目6－23

ナトリウム—炭酸水素塩・塩化物泉で、薄い茶色の源泉が

別府温泉 ホテル三泉閣

鉄輪温泉　双葉荘

高崎山温泉　おさるの湯

大量にかけ流されています。

ホテルの最上階にある温泉としてはかなりレベルが高いと思います。

湯平温泉　志美津旅館（大分県）

大分県由布市湯布院町湯平263

洞窟風呂や露天風呂がなかなか凝っている上に、良質の炭酸水素塩泉がかけ流されています。

長湯温泉　郷の湯旅館（大分県）

大分県竹田市直入町長湯3538―2

長湯温泉というと、ぬるめの炭酸泉のイメージですが、ここは熱くて温泉成分の濃いガツンとくる炭酸泉です。緑白色の温泉の表面にはカルシウム分が膜のように漂っていて、ただ者でないという感じです。

長湯温泉　郷の湯旅館

湯平温泉　志美津旅館

鉄輪温泉　かまど地獄三丁目の湯（大分県）

大分県別府市大字鉄輪621番地

個人所有の温泉が一般にも開放されています。貸切風呂なので、青白い源泉を独泉できます。

明礬（みょうばん）温泉　鉱泥温泉（大分県）大分県別府市小倉町6

坊主地獄の中にあります。泥湯ですが、刺激はあまり強くなく、透明の硫黄泉で泥を洗い流せるので快適です。

日帰り　観海寺温泉　いちのいで会館（大分県）

大分県別府市上原町14―2

ナトリウム―塩化物泉ですが、このコバルトブルーはかなりインパクトがあります。食堂でだんご汁定食をいただいてから入ります。

観海寺温泉
いちのいで会館

明礬温泉　鉱泥温泉

鉄輪温泉
かまど地獄三丁目 の湯

キャセイの湯（大分県）

大分県大分市賀来中河原1261—1

緑色の濃い源泉です。ナトリウム・マグネシウム—塩化物・炭酸水素塩泉とのことですが、泉質がかなり個性的で、似たような温泉が思いつかないくらいです。

杖立温泉　米屋別荘（熊本県）

熊本県阿蘇郡小国町下城4162

杖立温泉は、鄙びた感じのする温泉地で、私はこの感じが好きですね。川沿いにたくさんの旅館、ホテルが建ち並んでいます。

米屋別荘はミネラルをたくさん含んだ塩化物泉をかけ流しています。

特に、露天風呂は、打たせ湯もあって、風情があります。

杖立温泉　米屋別荘

キャセイの湯

黒川温泉　ふもと旅館（熊本県）

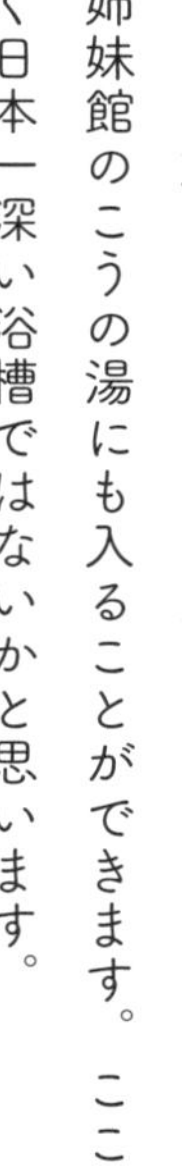

熊本県阿蘇郡南小国町満願寺6697

貸切風呂が7つもあり、全部で13も浴槽があります。黒川温泉にはさまざまな泉質がありますが、ここは緑白色の硫酸塩泉で、飽きのこない良い泉質です。

姉妹館のこうの湯にも入ることができます。ここは、おそらく日本一深い浴槽ではないかと思います。

日帰り　満願寺温泉　川湯（熊本県）

熊本県阿蘇郡南小国町満願寺温泉内

道路からまる見えの日本一恥ずかしい温泉と言われている温泉です。

アルカリ性単純泉は、ぬるめで肌に優しい感じの温泉です。

黒川温泉　ふもと旅館

満願寺温泉　川湯

日帰り 湯の鶴温泉　きくの湯（熊本県）

熊本県水俣市湯出1372－3

湯の鶴温泉は水俣市の山間部にある鄙びた温泉地です。何軒か旅館がありますが、このきくの湯は100円で入れる共同湯です。

ぬるめのアルカリ性単純泉で、硫黄臭がしてツルツル感が強くて、泉質のレベルはかなり高いです。

湯の児温泉　昇陽館（熊本県）

熊本県水俣市湯の児4098－40

海に面した風光明媚な場所にある旅館です。露天風呂は海を見下ろす高台にあり、快適です。とにかく眺望が素晴らしいです。また、檜風呂もあります。

このほか、岩の間から源泉が湧出している岩風呂があり、これが秀逸です。塩化物泉ですが、あまり肌にべたつく感じがせず、飲泉しても大変おいしい良泉です。

湯の鶴温泉　きくの湯

湯の児温泉　昇陽館

湯の児温泉　中村温泉（熊本県）

熊本県水俣市大迫湯の児1213

ここは日本一の家族湯ではないかと思っています。

少し塩味があって肌にしっとり感があるナトリウム―炭酸塩・塩化物泉が大きめの浴槽にかけ流されていて、500円で1時間独泉できます。

人吉温泉　新温泉（熊本県）

熊本県人吉市紺屋町80―2

建物の古さと天井の高さと脱衣所の広さに圧倒されます。石造りの浴槽にやや黒っぽい湯が張られており、絵になります。

人吉温泉　鶴亀温泉（熊本県）

熊本県人吉市瓦屋町1120―6

建物も浴槽もレトロな良い感じです。やや透明で茶色が

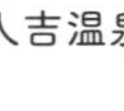

人吉温泉　鶴亀温泉

人吉温泉　新温泉

湯の児温泉　中村温泉

かった重曹泉がかけ流されています。

日奈久温泉　旅館幸ヶ丘（熊本県）

熊本県八代市日奈久上西町３９４

硫黄分を含んだ炭酸水素塩泉で、かけ流しの湯量も多く、浴槽の雰囲気も素晴らしいです。

山川温泉　しらはなシンフォニー（熊本県）

熊本県阿蘇郡小国町北里山川温泉

山川温泉は、岳の湯、はげの湯とともに、わいた温泉郷を形成する穴場の温泉地で、良質な源泉が湧出する場所です。硫黄を含んだレベルの高い透明な塩化物泉をかけ流しており、2か所ある広めの露天風呂が素晴らしいです。

日帰り

はげの湯　豊礼の湯（熊本県）

はげの湯 豊礼の湯

山川温泉 しらはなシンフォニー

日奈久温泉 旅館幸ヶ丘

熊本県阿蘇郡小国町西里2917

青白い硫黄泉です。開放感のある良い温泉です。

日帰り 湯の屋台村（熊本県）

熊本県合志市野々島5520－1

ツルツル感のある黒色の炭酸水素塩泉です。ご主人の手作りの建物と浴槽が渋いです（令和4年閉業）。

日帰り 辰頭温泉（熊本県）

熊本県菊池市泗水町田島620－1

紅茶色の泡付きのいい炭酸水素塩泉が快適です。湯口が泡で白くなっています。

菊池温泉　宝来館（熊本県）

熊本県菊池市隈府東正観寺1124

菊池温泉は自家源泉を持っている旅館が多く、化粧水の湯と言われるアルカリ性単純泉のかけ流しが多い温泉地です。

菊池温泉　宝来館

辰頭温泉

湯の屋台村

入った瞬間、体にまとわりつくようなヌルヌル感が素晴らしいです。

阿蘇内牧温泉　大阿蘇（熊本県）熊本県阿蘇市内牧135

体にまとわりつくようなカルシウム・マグネシウム――硫酸塩泉です。地震の影響で、以前よりも温度が低くなって入りやすくなっています。

京町温泉　鶴の湯（宮崎県）宮崎県えびの市水流

ヌルヌル感のある炭酸水素塩泉です。建物はかなり鄙びています。

古里温泉　桜島シーサイドホテル（鹿児島県）

鹿児島県鹿児島市古里町1078―63

露天風呂の素晴らしい温泉です。緑がかった塩化物泉です。

阿蘇内牧温泉　大阿蘇

京町温泉　鶴の湯

古里温泉
桜島シーサイドホテル

露天風呂は2か所あり、内風呂の外の露天風呂からは錦海湾が見下せます。かなりの絶景です。

霧島湯之谷温泉　湯之谷山荘（鹿児島県）

鹿児島県霧島市牧園町高千穂4970

硫黄泉と炭酸硫黄泉の2種類の源泉があり、特に炭酸硫黄泉はぬるめで、いったん入るとなかなか出られないくらいの良い温泉です。

妙見温泉　田島本館（鹿児島県）

鹿児島県霧島市牧園町宿窪田4236

茶色の濁り湯のキズの湯と、炭酸を含む胃腸湯の2種類の源泉が楽しめます。湯量が多く、ぬるめの温泉です。

霧島湯之谷温泉
湯之谷山荘

妙見温泉　田島本館

隼人温泉　浜の市ふれあいセンター　富の湯

（鹿児島県）鹿児島県霧島市隼人町真孝390

かなり塩分濃度の高い、茶色の塩化物泉の濁り湯です。体が浮く感じはしませんでしたが、ガツンと来る源泉です。熱湯とぬる湯があります。

日帰り　鵜泊温泉

（鹿児島県）鹿児島県伊佐市菱刈川南1109

少し分かりにくい所にあります。

塩分濃度の高い灰色に濁った塩化物泉です。

日帰り　きみよし温泉

（鹿児島県）鹿児島県阿久根市大丸60

茶緑色の強食塩水・放射能泉で、溶存物質量は1kg当たり33610mgという比重の高い温泉で、体に染みる感じです。

隼人温泉　浜の市ふれあいセンター　富の湯

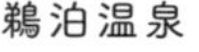

鵜泊温泉

きみよし温泉

日帰り

湯之元温泉　田之湯温泉（鹿児島県）

鹿児島県日置市東市来町湯田3077

レトロな浴槽にやや緑がかった硫黄泉がかけ流されています。キシキシした感じで、シャキッとする温泉です。

日帰り

吉松温泉　つつはの湯（鹿児島県）

鹿児島県姶良郡湧水町川西390—1

透明の薄緑色の硫化水素泉も素晴らしいですが、浴槽のタイルもかなり凝っています。

吉松温泉　前田温泉（鹿児島県）

鹿児島県姶良郡湧水町鶴丸1281－2

この辺は、味のある共同湯が多いです。素朴な浴槽と黒いモール泉で絵になる温泉です。

吉松温泉　前田温泉

吉松温泉　つつはの湯

湯之元温泉　田之湯温泉

般若寺温泉（鹿児島県）　鹿児島県姶良郡湧水町般若寺42

黒色というよりは、やや灰色に濁った炭酸水素塩泉です。

安楽温泉　鶴の湯（鹿児島県）

鹿児島県霧島市牧園町宿窪田4221

青みがかった炭酸水素塩泉で、隣の妙見温泉よりも濃い感じがします。ゴムが焦げたような臭いがします。

指宿温泉　村之湯（鹿児島県）　鹿児島県指宿市大牟礼3－16－2

ナトリウム―塩化物泉が直接注入されています。鄙びた浴槽の縁に地元の方が寝ておられます。

般若寺温泉

安楽温泉　鶴の湯

指宿温泉　村之湯

指宿温泉　弥次ヶ湯（鹿児島県）

鹿児島県指宿市十町弥次ヶ湯1068

青みがかったナトリウム塩化物泉で、よく暖まる温泉です。

テイエム牧場温泉（鹿児島県）

鹿児島県垂水市新城赤石4453−1

茶色に濁ったナトリウム・カルシウム―炭酸水素塩泉がワイルドな浴槽にかけ流されています。析出物が凄く、成分が濃いことがわかります。

指宿温泉　弥次ヶ湯

テイエム牧場温泉

コラム7　温泉経営の経営法務リスク

温泉経営の経営法務リスクには、①入浴や宿泊拒否がいわゆる差別とか、人権問題に当たるリスク、②施設内で転落等の事故が起きるリスク、③悪質クレーム対応のリスク、④ＳＮＳ等を通じたいわれなき誹謗中傷のリスクなどさまざまな法的リスクが考えられます。

旅館等の悪質クレームの内容は多岐にわたります。覗かれたから宿泊料金を払わないとか、タトゥーを入れた人が入っているから追い出せとか、館内で金銭がなくなったから賠償しろとか、明らかに自分の不注意で怪我をしたにもかかわらず賠償しろとか、駐車場での接触事故の賠償を請求するなどとんでもないものがあります。旅館等に限らず、悪質クレームに対しては、経営法務リスクマネジメントの一環として、毅然と対応していくことが重要であると考えます。

また、温泉経営においては、配管の修理や取替え等のイレギュラーな出費のほか、硫黄泉等による電機製品のメンテナンス、大地震等に伴う源泉枯渇、建物等の損壊、ホウ酸等の下水処理の支障、行政の担当者の交代による塩素殺菌の強要・指導等のさまざまなリスクがあります。

これらの経営法務リスクに対して、温泉旅館・ホテルが単独で悩んで対応するよりは、温泉地や地域でグループを作り、弁護士等の士業やコンサルタントに相談できる体制をつくることを検討すべきです。

私事で、いささか恐縮ですが、温泉力が比較的弱い四国のある日帰り入浴施設の事業再生をしたことがあります。その施設は、四国では珍しく本物のかけ流しをしていて、私は何としてもその施設を残さないといけないといった信念のようなものがあり、そういった熱意がスポンサーや事業支援団体や金融機関に伝わってうまく事業譲渡型の再生ができたのではないかと思っています。事業再生や事業承継は、ビジネス感覚だけでは限界があり、それに関与する専門家の熱意とネットワークによるところが大きいように思います。

おまけ

温泉にまつわる体験

その1　成り行きで混浴（東北のある有名な温泉地で）

素泊まりだったので、旅館お勧めの近くの焼肉屋さんで食事をしました。昼間いろいろな温泉に立ち寄り入浴して、旅館に着いたのが遅かったので、荷物だけ置いてすぐに食事に出ました。

カウンターで焼肉を食べるという感じのお店でしたが、ご主人がカウンター越しに適当なタイミングで新鮮な魚介類を出してくれて、それも焼いて食べるという面白いやり方のお店でした。すると、隣の席でひとりで食事をしていた妙齢を少し超えたような感じの温泉巡りが趣味の女性とどういうわけか意気投合してしまいました。私が泊まっている旅館の名前を聞かれたので、それを言うと、「まだそこ行ったことがないので、連れて行って欲しい」とのことでした。

そこで、酔っぱらった勢いで、その女性を旅館まで連れて行ったのですが、何と混浴であることを知らなかったので、結局ふたりで混浴することになりました。

ふたりしかいなかったので、「本当に入りますか?」「ええ」という感じで、お互い男女別の浴室で服を脱いでザブンと入りました。浴槽はまあまあ広くて、1メートルくらいの距離で、しばらくたわいのない話していると、「そろそろ帰らなくては」ということで、その女性はささっと出て帰って行きました。浴室は暗い上、温泉も黒いので、何も見えませんでした。

その2　帰らない仲居さん（九州のある有名な温泉地で）

ひとりで晩酌をしていると、妙齢を少し超えたような感じの愛想のいい仲居さんが料理を持ってきてくれて、いろいろお話をしていたのですが、私しか宿泊者がいなかったこともあって、「お客さん、話が面白いね。一緒に飲みたいわ」などと言い出して、自分でお酒とつまみを持って来て部屋で飲み始めました。

大変乗りのいい人で、話もそれなりに面白かったのですが、なかなか帰ろうとしませんでした。そうこうするうち、その女性は敷いてある布団をちらちら見出したりしたので、どうなることかと内心戸惑っていました。

すると、今度は、旅館の女将さんと思しき方が現われて、「私も一緒しようかな」などと言い出して、女将も加わって3人で盛り上がってしまいました。それからしばらくしてやっと女将と女性は帰っていきました。何というか、旅館のスタッフ参加型の不思議な旅館でした。

翌日はその愛想のいい仲居さんはいらっしゃいませんでした。なお、女将と仲居さんが飲んだお酒は幸いなことに、私に付けられていませんでした。

その3 秘湯美人効果（北のある有名な温泉地の旅館で）

食事のときから、妙齢の女性がひとりで泊まっていることには気付いていました。夕食後、しばらくして、小さい橋を超えて、階段を降りて混浴の露天風呂に行くと、その女性がひとりで入っていました。私が「お邪魔してもいいですか？」と聞くと、「どうぞ」という明るい声が返って来ました。女性は後ろを向いていたので、私は浴衣を脱いで、「失礼します」と言って、少し小さめの混浴の浴槽に入りました。

その後、浴槽の中でたわいもない世間話をして、いつの間にか向き合って話をしていました。温泉は白濁した硫黄泉で、女性の肩から上が見えるのですが、月あかりに照らされて、その女性は大変綺麗に見えました。秘湯でひとり旅の妙齢の女性と会うと少なからず綺麗に見えるもので、私はこれを「秘湯美人効果」と勝手に呼んでいます。

温泉はどちらかというと熱めでしたが、女性がなかなか出ようとせず、私も出にくくなってしまい、「のぼせそうですね」「では、一緒に出ますか」などと言って、「せーの」で同時に浴槽から出ました。お互い後ろを向いて浴場を出て着替えようと言っていたので、後は特に問題はありませんでした。

翌日の朝食で、その女性と会いましたが、軽く会釈をしただけで、特にお話はしませんでした。朝見ると普通のひとり旅のOLという感じの方でした。

その4 近づいてくる何か（岩手県にある浴槽が個性的な旅館で）

宿泊者は私と４人組の男性グループの２組だけでした。私は３階で、４人組は２階の部屋でした。

熟睡していると、深夜に廊下を何人かがスリッパでパタパタ走るといった音で突然起こされました。最初は、さきほどの４人組が騒いでいるのか、うるさいなと思ったのですが、その直後、「こんな時間に廊下を走り回る人はいる筈ないな、気味が悪いぞ」と思った瞬間、いわゆる金縛りになってしまいました。

その直後ですが、横向きになって寝ている私の背後から何者かがじわりじわりと近づいて来たのです。畳の上をミシミシと歩いて来るのがはっきり分かりました。しかも４本足ということが感触で分かりました。

「もうこりゃもう駄目かな」と思ったとき、どういうわけかたまたま亡き祖母のことを思い出しました。そうすると、少しずつ手足の指が動き出しました。すると、先ほどの近づいて来た気配が少しずつ後ずさりしていくではありませんか。

私は温泉に行くと必ず何枚か写真を撮るのですが、このような怖い体験をしたときは、撮った写真は後で見ても、そこに行った記憶というか実感がありません。こんな所に行ったのかなとか、写真は私が本当に撮ったのだろうかといった感じで、狐につままれたような感じになります。

その5　妻も感じた恐怖（栃木のある有名な温泉地に近い秘湯で）

このときは、珍しく妻と一緒に温泉巡りをしていました。妻はいろいろな温泉に入り疲れたようで、車で待っているとのことだったので、私がひとりで、ある旅館に日帰り入浴に行きました。もう夕方で少し薄暗くなっていましたが、旅館の玄関は真っ暗でした。声をかけると、ご主人らしき人が出てきて、日帰り入浴はＯＫでした。

初めに入った内湯は何ともなかったのですが、露天風呂に入った瞬間に「やばい感じ」（誰かにじっと見られているような得体の知れない怖さ）を強く感じました。そこで、すぐに露天風呂を飛び出して、着の身着のままでフロントへと駆け出しました。

そして、私がフロントで着替えているとき、旅館の人は私をじっと見ていました。そして、私は挨拶もそこそこに小さい橋を渡り、少しばかりの坂を不動明真言を唱えながら駆け上がっていきました。そのとき、坂の上で白っぽい服がチラッと見えたので、私はてっきり妻が車の外に出ているものとばかり思いました。少し補足すると、私は何か怖いことがあると、「のうまくさんまんだ…」という不動明真言を唱えることにしています。ケースによっては、逆にそれを唱えるとかえってやばい感じがして控えるときもあるのですが、大抵の場合は、その真言で事が収まることが多いのです。

しかし、妻は車の中で私を待っていたのです。山の中の駐車場にもかかわらず、近くで3人の女性の話し声が聞こえてきて、しかもその話し方が古い感じの話し方だったそうです。このため、妻は生まれて初めて得体の知れない恐怖を感じて、車にロックをして私を待っていたそうです。すると、私が必死の形相で坂を登って車に近づいてきたので、妻はすぐに異変に気付いたとのことです。私は妻に、「バックミラーを見ると何かが写るから見るなよ」と言い、その場を急いで立ち去りました。

妻は、それまでは、私が温泉で怖い体験をした話をしたり、テレビで心霊特集などを観ていると、ばかばかしいと言って鼻で笑っていたのですが、このとき以降は、そのようなことを一切言わなくなりました。良かったのか悪かったのかよく分かりませんが、夫婦の価値観がある部分で共通になったことは間違いありません。

おわりに

こんな旅館はオエン！

私は、あくまでも温泉重視で旅館を選びます。そして、温泉を大事にする旅館はお客さんのことをよく考えてくれている可能性が高いので、あまり不快な思いをしたことはありませんが、長年いろいろな旅館に行くといろいろなことがあります。

こんな旅館はオエン！（岡山弁で「駄目」という意味です。）という旅館は、次のとおりです。

① 掃除をしていない。
髪の毛が落ちていたり、冷蔵庫の中に、前の客が残した物が入っていた。
清掃しないと蟻が湧きますよ。

② 水道をひねると茶色の水が出てくる。
しばらくお客が泊まっていなかったことが見え見えです。

③ 天ぷらなどが冷たく、手作り料理が少ない。食事の量が少ない。味噌汁に小さな虫が浮いている。

私は以前、食事の量が少なくて満腹にならなかったので、知らない他人が隣席でたくさん残していたのを、やむを得ずつまみ食いしたこともあります。ここは二度と行きたくない旅館です。

④ 玄関で靴が散乱している。

家族の靴が一緒にぐちゃぐちゃになっていた所もありました。

⑤ 窓から隣の旅館しか見えない。

転地効果を考えると、やはり眺望は大切です。

⑥ 食事中に布団を敷きに来る。

これに限らず、客よりも旅館のスタッフが自分達の都合を優先させるような旅館は駄目です。

⑦ 廊下が真っ暗になっている。

安全確保の点からも問題ありです。

⑧　壁が薄くて隣の声が聞こえる。
安物のアパート以下ですね。

⑨　カーテンが外れて垂れ下がっている。
それほど手間はかからないので、修理しましょう。

⑩　部屋の中に蜘蛛の巣が張っている。
絶対清掃をしていないです。ある意味恐い。

⑪　部屋が傾いている。畳が浮いている。
気分が悪くなります。

⑫　エアコンがうるさい。
修理しましょう。

⑬　廊下にガラクタを置いている。
旅館はごみ捨て場ではありません。

⑭　掛け軸や絵の裏にお札が貼っている。
自殺者が出たのではと勘繰ります。

⑮　女性を呼ぼうとする。

みんなその目的で来ているのではありません。

⑯ 仲居さんが妙に馴れ馴れしい。

一人でゆっくりしたいときもあるのに。

⑰ バスタオルやドライヤーがない。

何故？

⑱ 煎餅布団で、朝起きると体が痛い。

江戸時代じゃあるまいし。

⑲ カメ虫などが入ってくる。

臭いが取れません。

⑳ チェックアウトの前に温泉に入れなくなる。

温泉が目的でわざわざ泊まっているのに。

㉑ インターネットの写真と実物が違い過ぎる。

景表法違反かも。

㉒ カランのお湯がすぐに止まる。廊下に「節電」の紙を貼っている。

どうやって洗面桶にお湯をためるのかよく分からない。お客に節電を言っては駄目です。ケチりすぎの旅館にはリピーターは来ません。

㉓ 個人客を大切にしない。
ツアーの団体客よりも粗末に扱われると誰もリピートしませんよ。

㉔ 夜にスタッフが誰もいなくなる。
危険です。法令違反です。

㉕ 浴槽にカニ、カエル、ヘビなどが入っている。
カニとカエルくらいなら許せますが、ヘビはちょっと。

㉖ 浴槽がヌルヌルしている。
清掃しましょう。病気になりますよ。

㉗ 露天風呂で、蚊などが多くて、殺虫剤がないと入れない。
四方八方から攻めてくるので防御が大変です。

㉘ インターネットの口コミに対して、むきになって反論する。
某大学の広報担当ですかね。

温泉INDEX

都道府県	温泉名	施設名	掲載頁
北海道	旭岳温泉	湧駒荘	64
	虎杖浜温泉	民宿 500 マイル	65
	上の湯温泉	銀婚湯	66
	丸駒温泉	丸駒温泉旅館	118
	菅野温泉	然別峡　かんの温泉	119
	川湯温泉	ホテル開紘	138
	オソウシ温泉	鹿乃湯荘	143
	湯ノ岱温泉	上ノ国町国民温泉保養センター	147
	豊富温泉	ふれあいセンター湯治浴槽	163
	てしお温泉	夕映	164
	川北温泉	川北温泉	167
	養老牛温泉	からまつの湯	168
	磐石の湯	磐石の湯	168
	カムイワッカ湯の滝	カムイワッカ湯の滝	177
	平田内温泉	熊の湯	178
	標茶温泉	味幸園	189
	芽登温泉	芽登温泉	189
	豊富温泉	川島旅館	189
	濁川温泉	新栄館	190
	登別温泉	観音寺温泉	190
	登別カルルス温泉	鈴木旅館	190
	十勝岳温泉	湯元　凌雲閣	191
	糖平温泉	中村屋旅館	191
	コタン温泉	丸木舟	192
	斜里温泉	湯元館	192
	湯の川温泉	大盛湯	192
	西ききょう温泉	西ききょう温泉	193
	ニセコ黄金温泉	ニセコ黄金温泉	193
	神威脇温泉	神威脇温泉	193
	オーロラ温泉	オーロラファームヴィレッジ	194
	幌加温泉	湯元　鹿の谷	194
	アサヒ湯	アサヒ湯	195
	二肢らぢうむ温泉	二肢らぢうむ温泉	195
	石田温泉旅館	石田温泉旅館	196

都道府県	温泉名	施設名	掲載頁
青森県	みちのく深沢温泉	みちのく深沢温泉	94
	蔦温泉	蔦温泉	120
	青荷温泉	青荷温泉	134
	酸ヶ湯温泉	酸ヶ湯温泉	138
	不老ふ死温泉	不老ふ死温泉	151
	百沢温泉	百沢温泉	158
	さんない温泉	三内ヘルスセンター	196
	古遠部温泉	古遠部温泉	197
	森田温泉	森田温泉	197
	新岡温泉	新岡温泉	197
	あすなろ温泉	あすなろ温泉	198
	八甲ラジウム温泉	八甲ラジウム温泉	198
	東北温泉	東北温泉	198
	姉戸川温泉	姉戸川温泉	199
	温湯温泉	鶴の名湯　温湯温泉共同浴場	199
	新屋温泉	新屋温泉	199
	恐山温泉	花染の湯	200
	下風呂温泉	新湯	200
岩手県	鉛温泉	藤三旅館	139
	国見温泉	石塚旅館	150
	台温泉	かねがや旅館	171
	台温泉	福寿館	171
	台温泉	藤助屋旅館	172
	夏油温泉	元湯夏油	201
秋田県	乳頭温泉	鶴の湯温泉	121
	玉川温泉	玉川温泉	140
	奥奥八九郎温泉	奥奥八九郎温泉	178
	川原毛温泉	川原毛大湯滝	179
	乳頭温泉	黒湯温泉	202
	蒸ノ湯温泉	蒸ノ湯温泉	202
宮城県	作並温泉	岩松旅館	67
	鳴子温泉	旅館すがわら	68
	中山平温泉	しんとろの湯	126
	鳴子温泉	ゆさや	202

都道府県	温泉名	施設名	掲載頁
宮城県	鳴子温泉	旅館 姥乃湯	203
	鳴子温泉	西多賀旅館	204
	東鳴子温泉	いさぜん旅館	204
	東鳴子温泉	高友旅館	205
	東鳴子温泉	赤這温泉　阿部旅館	205
山形県	湯田川温泉	隼人旅館	69
	蔵王温泉	かわらや	123
	広河原温泉	湯の華	152
	羽根沢温泉	松葉荘	206
	大平温泉	滝見屋	206
	肘折温泉	上ノ湯	207
	赤倉温泉	三之亟	207
福島県	湯倉温泉	鶴亀荘	70
	湯岐温泉	山形屋旅館	71
	二岐温泉	柏屋旅館	72
	東山温泉	向瀧	95
	飯坂温泉	鯖湖湯、切湯など共同湯９湯	108
	木賊温泉	木賊温泉	122
	西山温泉	老沢温泉旅館	135
	新菊島温泉	新菊島温泉	159
	二岐温泉	湯小屋温泉	169
	湯野上温泉	温泉民宿いなりや	172
	微温湯温泉	二階堂	208
	横向温泉	マウント磐梯	208
	いわき湯本温泉	伊勢屋旅館	208
	湯の花温泉	本家亀屋	209
	甲子温泉	大黒屋	209
	新甲子温泉	五峰荘	210
	月光温泉	月光温泉	210
	横向温泉	中の湯旅館	211
	磐梯熱海温泉	湯元元湯	211
	玉梨温泉	共同浴場	212
栃木県	大丸温泉	大丸温泉旅館	75
	三斗小屋温泉	大黒屋	132

都道府県	温泉名	施設名	掲載頁
栃木県	北温泉	北温泉	136
	塩原温泉	やまなみ荘	160
	喜連川早乙女温泉	喜連川早乙女温泉	165
	湯西川温泉	薬研の湯	180
	ピラミッド元氣温泉	ピラミッド元氣温泉	183
	老松温泉	老松温泉旅館	184
	塩原温泉	明賀屋本館	219
	塩原元湯温泉	大出館	219
	鬼怒川温泉	鬼怒川仁王尊プラザ	220
	奥鬼怒温泉	八丁の湯	221
	奥鬼怒温泉	加仁湯	221
群馬県	四万温泉	積善館	73
	霧積温泉	金湯館	74
	草津温泉	煮川の湯、白旗の湯など共同湯19湯	113
	草津温泉	奈良屋旅館	153
	湯宿温泉	旅館６軒、共同湯４湯	172
	尻焼温泉	尻焼温泉	179
	大塚温泉	金井旅館	215
	沢渡温泉	まるほん旅館	215
	草津温泉	ての字屋	215
	草津温泉	草津舘	216
	鹿沢温泉	紅葉館	217
	万座温泉	日進館	217
	滝沢温泉	滝沢館	218
	松の湯温泉	松渓館	218
	法師温泉	長寿館	219
千葉県	養老渓谷温泉	川の家	212
東京都	前野原温泉	さやの湯処	213
	神津島温泉	神津島温泉保養センター	213
	八丈島の温泉	洞輪沢共同浴場	214
神奈川県	箱根姥子温泉	秀明館	155
	湯河原温泉	伊豆屋旅館	214
神奈川県	かぶと湯温泉	山水楼	214
山梨県	下部温泉	古湯坊　源泉舘	76

都道府県	温泉名	施設名	掲載頁
山梨県	岩下温泉	岩下温泉旅館	144
	玉川温泉	玉川温泉	161
	佐野川温泉	佐野川温泉	222
	増冨ラジウム温泉	不老閣	222
	奈良田温泉	白根館	223
	草津温泉	草津温泉	223
	韮崎旭温泉	韮崎旭温泉	224
長野県	渋温泉	金具屋	77
	高峰温泉	高峰温泉	78
	湯田中温泉	よろづや	96
	野沢温泉	大湯、滝の湯、河原湯など共同湯13湯	110
	渋温泉	六番目洗いの湯など共同湯９湯	111
	本沢温泉	本沢温泉	131
	渋御殿湯	渋御殿湯	144
	七味温泉	紅葉館	153
	下諏訪温泉	みなと屋	154
	角間温泉	大湯、滝の湯、新田の湯	174
	切明温泉	河原の手掘り野天風呂	180
	松川渓谷温泉	滝の湯	224
	中房温泉	中房温泉	224
	熊の湯温泉	熊の湯温泉	225
	戸倉上山田温泉	千曲館	225
	戸倉上山田温泉	国民温泉	226
	屋敷温泉	秀清館	226
	小谷温泉	山田旅館	226
	野沢温泉	さかや	227
	白馬八方温泉	おびなたの湯	228
	上諏訪温泉	大和温泉	228
	田沢温泉	有乳湯	229
	白骨温泉	泡の湯	229
	小赤沢温泉	楽養館	230
	湯原温泉	猫鼻の湯	230
新潟県	燕温泉	花文	79
	駒の湯温泉	駒の湯山荘	80

都道府県	温泉名	施設名	掲載頁
新潟県	赤湯温泉	山口館	130
	新津温泉	新津温泉	165
	西方の湯	西方の湯	166
	咲花温泉	柳水園	230
	咲花温泉	望川閣	231
	五十沢温泉	五十沢温泉ゆもとかん	231
	清津峡温泉	清津館	231
	松之山温泉	みよしや	232
	逆巻温泉	川津屋	232
富山県	庄川湯谷温泉	湯谷温泉旅館	160
	金太郎温泉	金太郎温泉	240
石川県	山代温泉	古総湯	155
	湯川温泉	竜王閣	240
	白山すぎのこ温泉	白山すぎのこ温泉	241
岐阜県	新平湯温泉	旅館藤屋	82
	湯屋温泉	泉岳館	148
	福地温泉	元湯　孫九郎	241
	奥飛騨温泉	奥飛騨ガーデンホテル焼岳	242
	新穂高温泉	水明館　佳留萱山荘	242
	荒城温泉	恵比寿之湯	243
静岡県	網代温泉	平鶴	81
	平山温泉	龍泉荘	232
	梅ヶ島温泉	梅薫楼	233
	熱海温泉	日航亭大湯	234
	熱海温泉	竜宮閣	234
	伊豆山温泉	浜浴場	234
	伊東温泉	大東館	235
	伊東温泉	梅屋旅館	235
	大澤温泉	山の家	236
	蓮台寺温泉	金谷旅館	236
	湯ヶ野温泉	福田家	237
	松崎温泉	長八の宿　山光荘	237
	昭吉の湯	昭吉の湯	238
	湯ヶ島温泉	世古の湯	238

都道府県	温泉名	施設名	掲載頁
静岡県	倉真赤石温泉	倉真赤石温泉	239
	寸又峡温泉	町営露天風呂	239
	冷川温泉	ごぜんの湯	239
愛知県	永和温泉	みそぎの湯	184
	坂井温泉	湯本館	185
三重県	木曽岬温泉	木曽岬温泉	186
大阪府	山海空温泉	山海空温泉	243
兵庫県	有馬温泉	上大坊	244
	湊山温泉	湊山温泉	244
	灘温泉	六甲道店	245
	六甲おとめ塚温泉	六甲おとめ塚温泉	245
	蓬莱湯	蓬莱湯	245
	クア武庫川	クア武庫川	246
奈良県	湯泉地温泉	やど湯の里	83
	上湯温泉	神湯荘	244
和歌山県	白浜温泉	柳屋	84
	湯の峰温泉	つぼ湯	157
	川湯温泉	仙人風呂	181
	龍神温泉	坂井屋	246
	湯の峰温泉	あづまや	246
	花山温泉	花山温泉	247
	白浜温泉	牟婁の湯	247
	白浜温泉	民宿望海	248
	白浜温泉	崎の湯	248
	夏山温泉	もみじ屋	248
鳥取県	岩井温泉	岩井屋	86
	三朝温泉	木屋旅館	87
	皆生温泉	海潮園	251
	東郷温泉	寿湯	251
島根県	玉造温泉	長楽館	252
	小屋原温泉	熊谷旅館	252
	湯抱温泉	中村旅館	253
	出雲湯村温泉	元湯	253
	池田ラジウム鉱泉	放泉閣	253

都道府県	温泉名	施設名	掲載頁
島根県	有福温泉	御前湯	254
岡山県	奥津温泉	奥津荘	85
	桃太郎温泉	桃太郎温泉	249
	郷禄温泉	郷禄温泉	249
	真賀温泉	真賀温泉	250
	湯郷温泉	療養湯	250
	湯原温泉	砂湯温泉	250
	湯原温泉	油屋	251
山口県	柚木慈生温泉	柚木慈生温泉	142
	川棚温泉	小天狗	254
愛媛県	奥道後温泉	壱湯の守	97
高知県	土佐龍温泉	三陽荘	255
福岡県	原鶴温泉	延命館	88
	大川温泉	緑の湯	255
	二日市温泉	博多湯	256
	船小屋温泉	恋ぼたる館	256
	あおき温泉	あおき温泉	257
	遠賀川温泉	遠賀川温泉	257
佐賀県	熊の川温泉	熊ノ川浴場	127
	武雄温泉	殿様湯	156
長崎県	雲仙温泉	雲仙いわき旅館	257
	小浜温泉	脇浜共同浴場	258
熊本県	阿蘇内牧温泉	湯の宿　入船	90
	人吉温泉	翠嵐楼	91
	山鹿温泉	さくら湯	129
	杖立温泉	米屋別荘	262
	黒川温泉	ふもと旅館	263
	満願寺温泉	川湯	263
	湯の鶴温泉	きくの湯	264
	湯の児温泉	昇陽館	264
	湯の児温泉	中村温泉	265
	人吉温泉	新温泉	265
	人吉温泉	鶴亀温泉	265
	山川温泉	しらはなシンフォニー	266

小林裕彦（こばやし・やすひこ）

小林裕彦法律事務所　代表弁護士

1960年大阪市生まれ。84年一橋大学法学部卒業後、労働省（現厚生労働省）入省。89年司法試験合格、92年弁護士登録。2005年岡山弁護士会副会長。19年（平成31年度）岡山弁護士会会長。

11年から14年まで政府地方制度調査会委員（第30次、31次）。14年から岡山県自然環境保全審議会委員（温泉部会）。現在は岡山市北区弓之町に小林裕彦法律事務所（現在勤務弁護士は9人）を構える。

企業法務、訴訟関係業務、行政関係業務、事業承継、事業再生、M&A、経営法務リスクマネジメント、地方自治体包括外部監査業務などを主に取り扱う。

著書は『これで安心!!　中小企業のための経営法務リスクマネジメント』等。

温泉博士が教える最高の温泉
本物の源泉かけ流し厳選300

2019年12月10日　第1刷発行
2024年12月14日　第4刷発行

著者　小林裕彦
発行者　樋口尚也
発行所　株式会社 集英社
〒一〇一-八〇五〇
東京都千代田区一ツ橋二-五-十
編集部　〇三-三二三〇-六一四一
読者係　〇三-三二三〇-六〇八〇
販売部　〇三-三二三〇-六三九三（書店専用）
印刷所　TOPPANクロレ株式会社
製本所　ナショナル製本協同組合
装幀　阿部美樹子

定価はカバーに表示してあります。

ISBN978-4-08-786121-1　C0095

集英社学芸編集部公式ウエブサイト　http://gakugei.shueisha.co.jp
※本書に記載の温泉情報は2024年11月時点のものです。